快速演讲

2小时10页纸搞定所有演讲

[美]丹·罗姆——著
王晋——译

中信出版集团 | 北京

图书在版编目（CIP）数据

快速演讲 : 2 小时 10 页纸搞定所有演讲 / (美) 丹 · 罗姆著 ; 王晋译 . -- 北京 : 中信出版社 , 2023.2

书名原文 : The Pop-up Pitch: The Two-Hour Creative Sprint to the Most Persuasive Presentation of Your Life

ISBN 978-7-5217-4945-8

Ⅰ . ①快… Ⅱ . ①丹… ②王… Ⅲ . ①演讲－语言艺术 Ⅳ . ① H019

中国版本图书馆 CIP 数据核字 (2022) 第 245878 号

快速演讲——2 小时 10 页纸搞定所有演讲
著者：　［美］丹 · 罗姆
译者：　王　晋
出版发行：中信出版集团股份有限公司
（北京市朝阳区东三环北路 27 号嘉铭中心　邮编　100020）
承印者：　唐山楠萍印务有限公司

开本：787mm×1092mm　1/16　　印张：14.5　　字数：100 千字
版次：2023 年 2 月第 1 版　　印次：2023 年 2 月第 1 次印刷
京权图字：01–2021–6593　　书号：ISBN 978–7–5217–4945–8
定价：68.00 元

快速演讲

用两个小时打造一生中最具创造性和说服力的演讲。

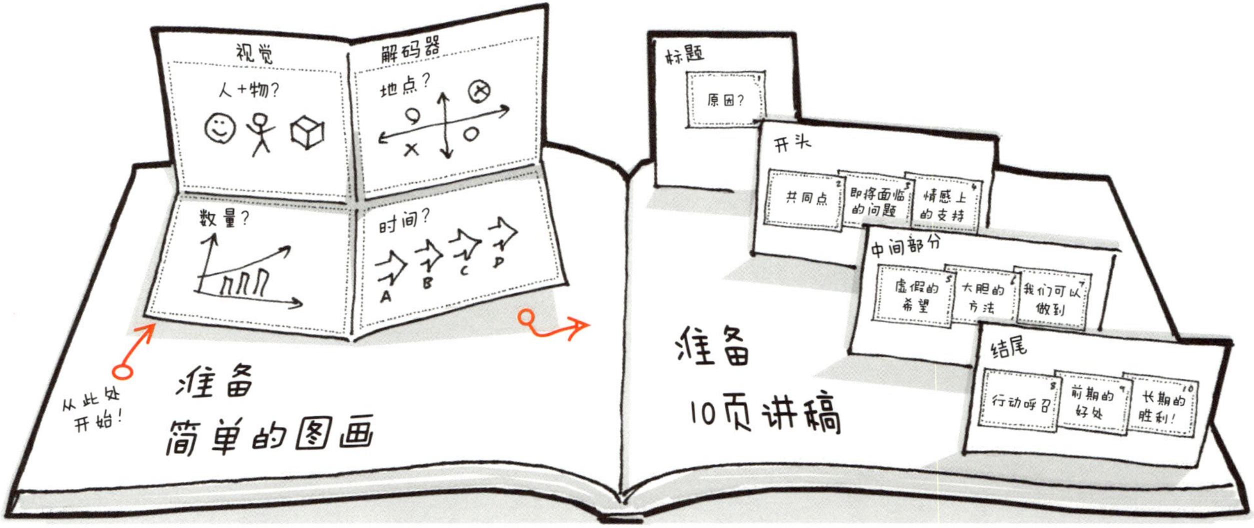

第一个小时

通过简单的图画发掘你的故事。
（即使你觉得自己不会画画！）

第二个小时

在10页讲稿中加入叙述和情感。
（使用史上最伟大的故事线！）

献给丹·托马斯，

我十多年的良师、伙伴和谋士。

老朋友，愿你西去之旅一路走好，我会仰望云端寻找你的影子。

目录

CONTENTS

前言 INTRODUCTION

世界上有两种人。第一种人会把所有事物复杂化。他们确实会想出一些有用的东西，却把它们视为机密，当作专属于自己的秘密私藏起来。我是说，他们就是奉行“谁发现的就是谁的”的那种人。

第二种人会把所有事物简单化。他们如果有了什么创意，会迫不及待地与人分享。“来，给你！这个发现让我的工作顺利不少，我想它可能对你同样有用。”“这个就给你了，实际上，我是专门为你做的。”

丹·罗姆绝对是第二种人。他笔下的作品不是要表达“我做的这件事独一无二，其他人谁也做不了，我想让你记住我的能力和独特的洞察力”，而是在告诉我们“我发现了一个非常有用的东西，它潜藏在我们所有人的心中，我保证它也藏在你的内心深处”。

按照本书的指引去做，绝对会对你有益，具体原因有三。

第一，它十分有效。

第二，想想我们的亲身经历。为什么演讲会如此折磨人？它本该是振奋人心、催人奋进的东西，而不是我们要被迫忍受的东西。

第三，也是最主要的一个原因，当你顺着本书的指引去做的时候，你会发现自己身上某些已经遗忘的东西，就像收藏在阁楼上、曾经带给你快乐的珍爱之物一样。你会拥有清晰的思路，发现自己的故事，丹·罗姆会让你觉得这些东西其实一直在你身旁。

本书会赋予你一种能力，让你把需要学习的东西当作刚刚记起的东西，我想，世界上没有比它更慷慨的礼物了。

杜什卡·萨帕塔

Zendesk 公司行政沟通副总裁、作家，作品在线阅读量达 2 亿

引言 FOREWORD

• 清晰易懂的图画 + 颇具说服力的故事

我一直认为，在这个充满不确定性的复杂世界中，用可视化的方式讲故事颇具神奇效果。通过几幅画和一个简单的故事来分享想法，既清晰明确，又能让对方感到宽慰，不失为一种人性化的方式。我相信这是有史以来人们发明的积极地向对方传达想法、打动对方的最佳方法。我曾许诺：任何人都可以快速、清晰、乐观地与他人分享自己的想法。我也一直为之努力，这本书就是我努力的结果，我将它称为“快速演讲”。

我写这本书的初衷很简单，就是想给大家提供一个模板。有了这个模板，你就可以打造一生中最棒的演讲。如果你是公司领导，你就可以用这种方式来激励团队。如果你正在创业，那么这将是迄今为止你在与投资人分享愿景时最吸引人的方式。如果你是销售人员，那么你讲的故事将会引人入胜，潜在客户不会挂掉电话，而是想要了解更多的信息。不管你是谁，只要你想用积极乐观的故事快速说服他人，都可以用“快速演讲”的模板。

无论你热爱演讲，还是惧怕演讲，本书提供的方法都万无一失。它会帮你达成心愿，而且整个过程还不乏乐趣——无论对你还是对听众而言，都趣味十足。

你可以把这种方法想象成一套有关说服力的烹饪教程。你是主厨，你要呈现给人的美食就是你的新想法。听众就是你的客人，他们像渴望品尝美食一样渴望更快乐地工作和生活，并获得成功。你的责任就是用几分钟与他们分享一段鼓舞人心、令人难忘的演讲，告诉他们，你的想法将如何帮到他们，然后激励他们付诸行动。

在你创建自己的演讲之前，我先与你分享两个重要的秘密：第一个秘密是关于视觉的（画画具有神奇的效果），第二个秘密是关于语言的（讲故事其实很容易）。

有关视觉的秘密是这样的：画几幅简单的画有助于打开思维，将想法通过编码嵌入记忆，这种方法要胜于书写。《实验心理学杂志》最近发表了一项研究。研究人员发现，记单词最有效的方法就是把它们画出来。画图比书写、打字和朗读更管用。《时代》杂志对这项研究做了总结：“无论研究人员如何变换测试形式，其中一项结果始终不变，那就是画画比其他任何方式都有效，每一次都是如此。”即使你觉得自己画画很糟，这种方法也能够将你脑海中美妙而丰富的想法呈现出来，让你自己都意想不到。为了帮你把这些隐匿在脑际的图画画出来，我创造了一个特殊的视觉头脑风暴工具，叫作“视觉解码器”。在本书的前半部分，你将亲自使用这个工具发掘想法之所以具有说服力的本质，并使之开花结果。

第二个是语言上的秘密。简单的故事会使你和听众的大脑以一种可以量化的独特方式联结起来。普林斯顿大学的神经科学家检测了故事讲述者和听众的大脑。他们发现，讲故事的时候，存在一种可预测的“大脑活动耦合”。故事进行过程中，这种耦合会一直保持，但故事停止的那一刻便中断了。我们小时候就知道故事的力量，现在我们知道原因了：听故事时，大脑会释放多种化学物质，包括皮质醇（有助于形成记忆）、多巴胺（可以调节情绪）和催产素（催生同理心）。

如果你对自己讲故事的能力没有把握，没关系，我们有一条非常有用的故事线，它经过了时间的检验，你只要填上内容，就可以把画的画变成扣人心弦的故事，让人们愿意倾听。为了帮你快速写好演讲稿，我创造了第二个工具，叫作“10 页讲稿”，是一种填空式模板（完整模板请见附录）。在本书的后半部分，你可以用这个模板将图画转化为有生以来最好的演讲。

你可以通过两小时的准备用一种直观的方式将这两点结合起来，然后“快速演讲”就完成了。本书也是按照这种方式撰写的。

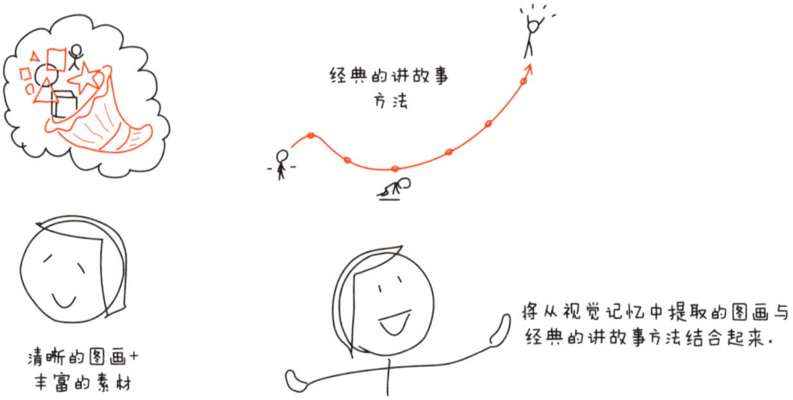

当你大功告成后，你会有一个 10 页的演示稿，你会在大约 7 分钟内讲完故事，让大家心悦诚服。快速演讲不会涉及过多细节，但会完美展现你的想法，抓住时间宝贵之人的注意力。快速演讲不需要几天的准备时间，只要两个小时就能完成。你只需按照本书提供的步骤，准备好纸笔和几页打印出来的模板即可。

快速演讲的最终格式十分灵活，你可能用上了所有画的图，也可能仅仅用了其中几张；你可以用电子邮件的形式分享故事，也可以站在人前用纸笔演示，或者用演示文稿（PPT）或谷歌幻灯片在屏幕上展示。(具体的例子请见第八章，所有模板请见附录。)

快速演讲适用于面对面讲解、远程展示、上台演讲和会议等各种形式。

无论是面对面演示还是通过屏幕演示，清晰的图画和引人入胜的故事都会让每个人全程集中注意力，并引人深思，指导人们的行动。

快速演讲的用途非常广泛。无论什么时候，只要你想在自己的生活和工作中做出改变，或者想建议别人从改变中受益，快速演讲都可以派上用场。无论你需要讲什么样的故事，你都会发现快速演讲是一个有用的工具，可以让你快速准备好一生中最好的演讲，并成功展示出来。

三大承诺

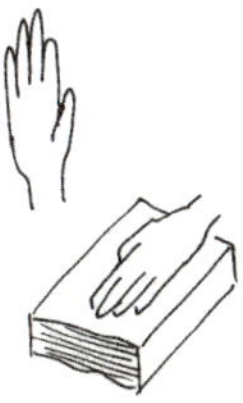

在我们正式开始之前，我向你做出三大承诺，请你在阅读剩下的内容时监督我有没有一一做到。

我的第一个承诺：如果你遵循本书的步骤，那么你的下一次演讲，不管是现场还是远程，准备的速度都会更快，内容会更迷人，更具说服力，对你和听众来说也更加有趣。

我的第二个承诺：读完本书后，你将能在短短两个小时内准备好演讲，并且给人带来惊喜。

我的第三个承诺：为了帮你达成目的，我也会让本书简单、迷人、有趣。为此，你可能会发现本书的格式有点儿不同寻常，因为我把它设计成了“礼尚往来”的形式。有时我会给你讲一个故事，有时我会让你给我讲一个。有时我会给你画一幅画，有时我会请你为我画一幅。有时我会与你分享一种工具，有时我会让你自己试用一下。

也就是说，在阅读的过程中，我有时可能会让你停下来。“等一下，做做这个练习！”如果你是一个思维跳跃、喜欢尝试不同事物的人，你可能会喜欢这种方式。但是，如果你是一个读书时倾向于线性思维的人，你可能不想停下来，而是想继续读下去。其实，这两种方式都是可以的。

无论你如何使用这本书，它都是为你而写的。如果你愿意花两个小时阅读，那么我保证你将完成你一生中最棒的演讲。尽快行动吧！

就现在怎么样？准备好了吗？让我们开始吧。

欢迎

>>>

第一章

CHAPTER 1

欢迎来到快速演讲的世界

什么是快速演讲？为什么需要这种演讲？

有些东西是时候大胆说出来了：在不断变化的职场中，传统的点一下幻灯片讲一段话的演讲方式已经无法满足人们的预期了。在线会议需要一种更直观的互动方式，在家办公意味着听众需要比以往更多的理由来保持专注。鉴于社交媒体每时每刻都在吸引人的注意力，演讲的每一秒钟仿佛都在与整个世界争夺注意力。当我们分享重要的想法时，目前的工具并不能满足我们所需。我们处于一个崭新的演讲世界中，我们需要一套全新的演讲方法。

要提高演讲的质量，关键并不在于懂得更先进的技术，而在于更好地理解人性。在一个充满挑战的时代，你需要一种正面说服的方法，它必须超越所有试图分散听众注意力的干扰因素。你需要一种经过深思熟虑的方法，将想法中最关键的内容压缩成最简洁的故事。你需要一种乐观的分享方式，让其他人看到你的创意将如何提升他们的工作和生活。最重要的是，你的演讲方式必须能够提醒大家，我们都是人，都属于人类这个大家庭。

想象一下，当你的演讲成为听众一天中最美好的回忆时，你和听众会有什么感觉。其实，这是可以实现的，而你也是可以做到的。欢迎来到快速演讲的世界。

就像快闪店会吸引你的眼球，立即将你当时所需的东西提供给你一样，快速演讲会立即将你最好的想法传达出去。就像在快闪餐厅，你不用购买不同口味的玉米卷饼就可以一一品尝一样，快速演讲会让听众尝试你的创意，他们也许还会发现在听你的演讲之前，他们甚至不知道自己需要这些东西。他们会因此被你迷住，想深入了解更多的信息。

快速演讲是一个全新的可视化讲故事的方法，它可以从两个层面为你提供支持。首先，它会帮你构建引人入胜的讲稿；其次，它有助于你的演示。这种方法很简单，可以让你的演讲更加深入人心，并且保证你的演讲可以推动决策，激励行动，激发反思，说服人们采取行动。

用最简单的话说，我之所以创造快速演讲，只有一个原因，那就是通过有冲击力的视觉思维和有感染力的故事讲述方法，帮你迅速释放出最具说服力的自我。

快速演讲之所以有效，是因为它结合了现代科学和古老智慧，创造出了一种让人感觉熟悉但又颇具革命性的填空方法。快速演讲的核心是一种实用“算法”：

>> 如果你花两个小时的时间按照这种精心设计的结构画画、写作和思考，那么你将会得到一份10页讲稿。你的故事将会条理清晰，表达生动。你可以用它来解释几乎任何事情，并在7分钟内激励几乎任何一个人。

快速演讲的算法

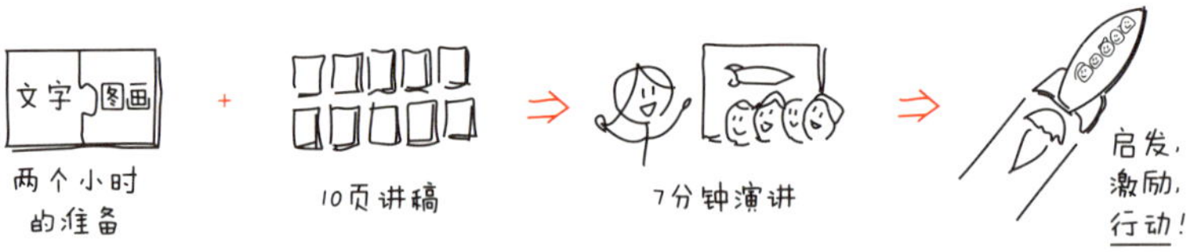

快速演讲的算法：用两个小时准备一份10页讲稿，通过7分钟的演讲启发、激励听众，并推动他们采取行动。

说到演讲，我们会遇到三大挑战：时间有限；要传达的信息很重要但也可能很复杂；听众很容易分心（当今社会，难道不是每个人都如此吗？）。快速演讲可以帮你面对这些挑战，帮你做好更充分的准备，让你的演讲更引人注目，说服力更强。它具有以下三个特点。

◎ **（快速演讲）很快就能准备好。**如果你有不会被打扰的两个小时时间，那么你可以很快准备好最棒的演讲。你会惊讶于准备的速度之快和质量之高。

◎ **（快速演讲）十分清晰。**因为这种方法会激活你的视觉思维，你会发现之前没有想到的解决方案、机会和关联。

◎ **（快速演讲）引人入胜。**按照精心设计的拥有 10 个转折点的故事线讲述你要分享的内容，你将成功吸引听众的注意力，并让他们在演讲过程中始终聚精会神。之前，你可能从未想过可以达到这样的效果。

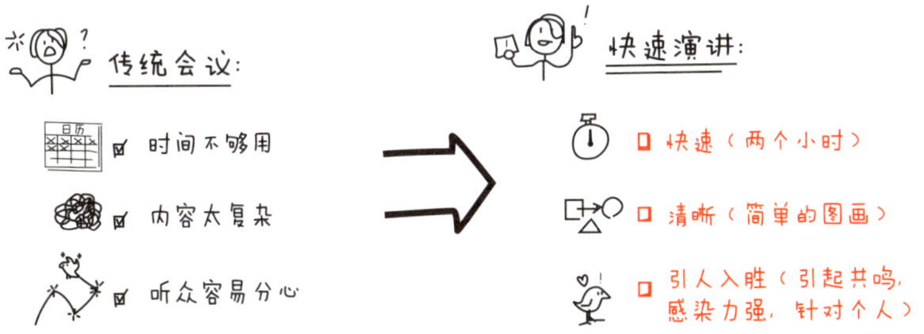

快速演讲可以帮你打造一种全新的会议，
一种快速、清晰、引人入胜的会议。

快速演讲的最后一个好处：它是关于你的。我猜在 80% 的专业场合，你已经知道需要对同事、客户、合作伙伴、投资者、潜在客户和学生说些什么了。快速演讲真正美妙的地方在于，它可以助你一臂之力，让你的表达胜过以往任何时候。

很少有人真的想听你讲完整个故事。人们真正想要的是，与你产生共鸣，找到你们之间的共同点，所以他们一旦听到与自己的故事相关的内容，就会认为足够了。但是，如果你的演讲脉络让人听起来很愉快，并对具体的反馈保持欢迎的态度，他们就会听完。

如果你的演讲十分重要，需要邀请他人聆听，那么它绝对值得你花两个小时来准备，使其尽可能清晰、直观、吸引人。

• 快速演讲是如何诞生的？

曼谷的一天

几年前一个周日的下午，我和坤猜见了一面。他是泰国的一位商人，我们谈话时兴致很高，他邀请我去曼谷，给他所在的领导团队讲一讲我的“视觉战略法”。恰巧，那次演讲的听众中有一位是泰国一家大银行的董事长。这位董事长很喜欢我的演讲，私下里问坤猜我第二天是否可以顺便去他们银行一趟。

当坤猜和我说起时，我欣然接受了此次邀请。我以前在泰国工作过，一直以来，我都觉得泰国式的经商之道谦恭有礼、细致入微，散发着一种魅力。从这样一个颇具影响力的组织内部欣赏其经商之道，肯定极具启发性。

从我答应坤猜的那一刻起，有趣的开关就被打开了。真的太有意思了，事实上，本书就诞生于那一刻。

亲爱的读者，现在我要插几句话，一会儿再继续把这个故事讲完（这是一个很好的故事）。我想唤起一件对你来说可能显而易见的事，但考虑到整本书的内容，这件事特别值得注意。在每个值得诉说的故事的中心，总有一个挑战。不管是在故事中，还是在生活中，如果一切都很完美，人们很快就会觉得无聊。对于我们很容易分神的大脑来说，无聊比死亡还可怕，在商务会议中尤其如此。

想想你看过的每一部电影，读过的每一本小说，以及你能记起的每一个在篝火旁听到的故事，无论哪种情况，就在你认为一切都进展顺利时，可怕的事情就发生了……然后故事才真正开始。挑战来临之时，就是听众醒悟之时。

本书会教你如何理解并识别任何一个精彩故事中的“情感转折”：这个转折是什么，它为什么会吸引人。最重要的是，当有重要的想法要分享时，你该如何利用转折为你自己和听众带来益处。

我希望本书能告诉你，无论是针对商业演讲、复杂推销、课程教授、重要对话，还是解决问题的会议，当你准备借着重要的见面机会讲好一个故事时，你都有让听众着迷的能力。我们之后会讨论这个问题。

现在，让我们回到曼谷……

我和坤猜坐在曼谷一家豪华酒店富丽堂皇的大厅里，他给我讲了讲“顺便拜访银行”的真正含义。

他说:“在我们的商业文化中，单纯地‘顺便拜访’这种事是不存在的。在泰国的历史和文化中，它有很多言下之意，所以我们必须了解任何会面的深层含义。眼下的情况是，这家银行的董事长要向董事会介绍一个新的想法，这个想法存在不稳定的因素。我知道他担心董事会有人会因此‘丢了面子’。你是外来人士，如果邀请你来介绍这个想法，他相当于给了与会的每个人了解这个想法的机会。同时，如果反响不好，那么任何人的职业生涯都不会受到威胁。”

“公平地说，”坤猜停顿了一下继续说道，“他是请你做信使，把这条有风险的信息传递给大家。如果反响很好，那么你会得到大家的尊重。如果反响不好，你就要替人受过。”

我之前不是告诉过你这是一个很好的故事吗？这件事真的勾起了我的兴趣，而且就我个人而言，几乎不会有什么损失，可能还会有很多收获。于是，我欣然决定做好这个信使的工作。

坤猜继续解释说，这个存在不稳定因素的想法就是在银行内部开设一个新的“挑战者银行”。挑战者银行是一个成本较低的纯数字银行，针对的是年轻和更懂技术的客户。美国已经有了相关的成功案例，但这对泰国来说还是新鲜事物。接下来，坤猜又给我讲了与会者都有谁，哪些事情可以坚定地说出来而不会有危险，哪些事情只能暗示。他还告诉我，我如何扮演信使的角色可以既帮董事长解释银行做出这次巨大的创新的理由，又不会对大家造成威胁。

当时，我和坤猜一直坐在酒店的大厅里，压力逐渐向我袭来。这次短暂的“顺便拜访”将成为我参加过的最需要深思熟虑的会议。我知道我们没有多少准备的时间。

这时，我突然想到，我在做视觉战略咨询时，经常使用一个分为 10 步的路线图来解释复杂的想法，以争取对方的支持。多年来，我一直在完善这个简单的模板。时间紧迫时，我都是靠它快速准备好令人信服的演讲的。

“坤猜，我画个东西给你看，怎么样？”

我在笔记本上粗略地画好了“10 页讲稿”，并递给他看。

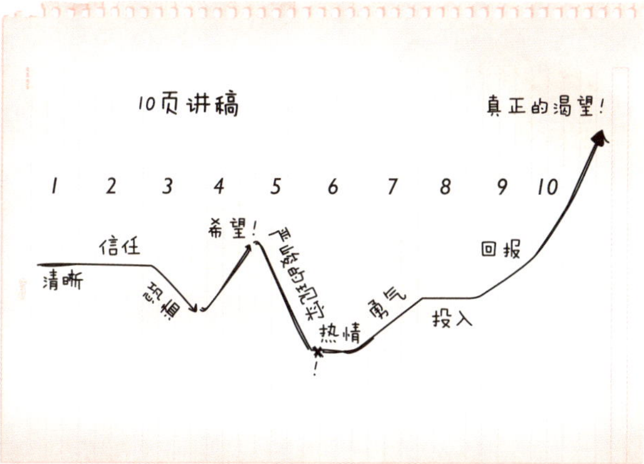

这就是我给坤猜看的那页纸。
（记住这幅图，后面还会提到。）

“你熟悉英雄之旅吗？”我问坤猜。

“当然熟悉，”坤猜说，“不就是约瑟夫·坎贝尔提出的经典单一神话理论吗？我知道这是一种史诗般的叙事方法，备受好莱坞编剧的推崇。为什么说起这个？”

“我在此基础上做了改进，我的这种方法可以有效帮助人们打造令人信服的商业演讲，特别是在时间有限的情况下。也许我们可以用它来为明天在银行的演讲编织一个精彩的故事。”

“咱们放手一试吧。”

于是，我们开始准备。大厅的光线渐渐暗淡下来，我和坤猜在我的笔记本上沿着路线图的10个情感转折勾画着，然后为每一步想好一句话。正如我所期望的，这10个步骤就是一份指南，可以带领我们创造一个简单而又扣人心弦的商业故事，我的经验已经证实了这一点。有了这个设定好的结构，我们可以把精力放在银行这次变革的关键内容上，而不用再浪费时间去设想一个复杂的新故事。只要在10页讲稿的空白处填上内容，我们就可以用喝几杯茶的工夫完成一个针对银行领导层的、由10句话构成的演讲。

我们又读了一遍讲稿，我感到心中十分平静，它驱走了我对明天会议的所有焦虑。这是一个我可以用诚实、自信，甚至还有一丝激情来分享的故事。此外，我心里清楚，这个故事将以一种强有力的方式吸引银行领导层的注意力，同时不带一分威胁。这样，在我和坤猜离开会议室后他们便能进行更深入的交流了。

看得出来，坤猜也有同样的感觉。“太神奇了！”他说，“这种方法太奇妙了，我们将董事长的新想法打造成了一个对他们有益的故事，而不是一个潜在的商业威胁。”我能感觉到，坤猜现在也很平静。他对我们的故事充满了信心，已经准备好参加第二天早上的会议了。

下面就是我和坤猜按照10页讲稿的指引写好的10句话。虽然它介绍的是一个存在潜在风险的复杂商业理念，但我还是想与你分享一下，这样你会看到我们的故事是如何编织成形的，你会看到这个故事是多么容易讲述和理解。如果你喜欢这个故事，那么请继续读下去。在后面的章节中，我会分享各种各样的演讲，你会发现10页讲稿是多么灵活。

面向银行领导层的10句话演讲思路

(1) **贵行未来能否获得成功至关重要**，对客户、对国家来说都很重要。

——

(2) **贵行是国家文化历史的一部分**，备受信任，在金融领域做得风生水起，并且适应能力很强。

——

(3) 但是，现在有一些规模较小的新兴银行开始提供你们提供不了的数字服务，**以满足年轻客户的需求**。

——

(4) **想象一下我们现在所处的世界，贵行的辉煌历史与先进的技术创新联系在一起**。这不正是客户所希望的吗？

——

（5）**但是，让你们获得现有成功的方法不一定会继续带来辉煌。**贵行系统所采用的技术越来越跟不上时代的步伐，你们根本没有办法快速做好准备，与这些新的银行竞争。

——

（6）**如果你们能在现有品牌下创建一个较小的数字化“挑战者银行”**，同时摆脱传统技术的限制，会怎么样呢？

——

（7）**现在，迅速建立“挑战者银行”所需的系统和工具首次成为像贵行一样的大银行的真正选择**，而其他地区的先行者已经取得了成功，这是令人很受鼓舞的消息。

——

（8）**你们明天就可以开始探索这个选择**，只需投入十个星期的时间，对现有系统进行研究和检查。

——

（9）**通过探索，你们会发现现有技术近期内可以节省成本的地方**，这可能抵消整个项目的初始成本。

——

（10）如果你们选择尝试这种方法，那么贵行将成为泰国第一家这样做的银行——**给自己一个振兴银行文化品牌的绝佳机会，同时为新一代客户提供一个平台，助力他们在财务上获得成功。**

泰国领带

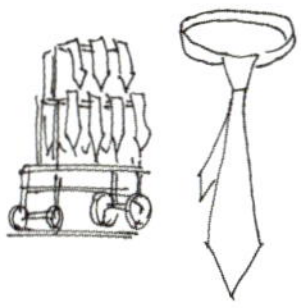

坤猜在起身要走的时候，问我有没有黄色的领带，可以第二天开会时佩戴。可惜，我没有这样的领带。

“在泰国，很多重要的事情都有它的背景。你知道，泰国人民爱戴并尊重王室。我们刚刚离世的国王和他的儿子，也就是我们的新国王，都是在周一出生的。根据泰国的古老习俗，星期一的代表色是黄色。

“我猜，明天银行所有领导的身上都会有一件黄色的东西，以表达对王室的敬意。如果你也遵照习俗，戴条黄领带出席，大家都会注意到。他们会因此对你产生好感，这会为你简练的故事锦上添花。”

坤猜说着指向大厅里一个专门卖泰国丝巾和领带的快闪店。他们正好有我需要的黄领带。

“你喜欢快闪店吗？”坤猜问，“你可以很快买到自己需要的东西。”

我和坤猜同时看向对方，目光相碰。

“等一等……我们刚刚创造了第一个快闪式演讲（快速演讲）。”

这就是这本书的由来。我们发现，你不必看得太远，也不必投入大量时间，就能准确地找到所需的东西来完成你想讲的故事。我们所有的故事都近在咫尺。我就是从这件事中得到的启发，它也是后面内容的源泉。我希望你喜欢读这本书，就像我喜欢写它一样。

哦，还有，银行的那次会议非常成功。两年后的今天，我仍在给这家银行做咨询。

• 接下来的两小时：快速演讲的工作原理

我和坤猜先用一个简单的框架来构思我们想讲的故事；然后迅速编织好一个包括 10 个情感转折的故事，我们知道听众会从中受益；我们在快闪店找到演讲所需的最后一个元素时备感轻松。我和坤猜那天下午所经历的一切，正是我希望你在阅读本书时所体验的过程。

要做到这一点，请为每次演讲留出两个小时不受打扰的安静时间，然后按照以下两个步骤准备，你的听众肯定会被深深打动。

从结构上看，**快速演讲**由两个连续的部分组成，所需的工具就是纸和笔，每一部分都可以在一个小时之内完成。

第一个小时：**视觉解码器**会帮你快速识别、验证、构思你最终要与听众分享的故事的关键元素。这个故事同时也是解决方案。

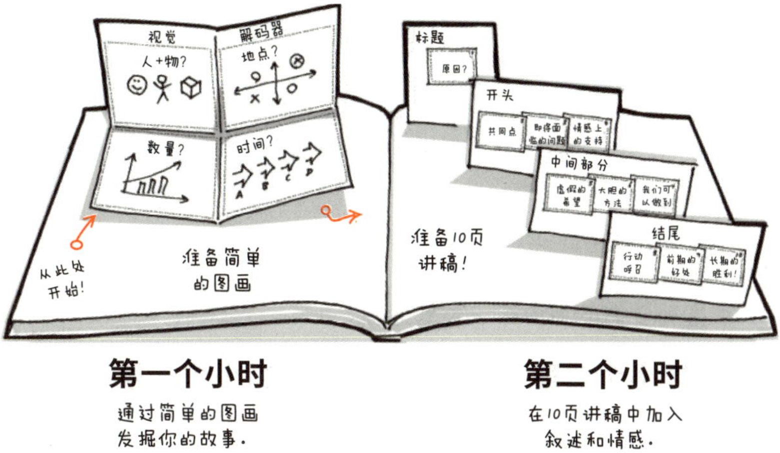

第一个小时，你将使用视觉解码器准备简单的图画。
第二个小时，你将使用10页讲稿模板讲述你的故事。

第二个小时：**10页讲稿**会一步步引导你，将构思转化为引人入胜的10段情感之旅，保证听众会积极参与，全神贯注，持久记忆。

好了，做好准备了吗？分为两大步的**快速演讲**之法即将开始。找一处不被打扰的地方，今天用一个小时研究视觉解码器，明天再用一个小时来制作10页讲稿。

开始之前，先讲一个小故事

我先讲一个简短的故事，以此拉开序幕，希望你会喜欢。这个故事可是与你有关的。

你即将要做的演讲应该大放异彩。

你很快要做一次重要的演讲。

想象一下，过几天你要做一次演讲，还是一次非常重要的演讲。如果能够吸引听众的注意，那么你传递的信息将会影响他们的工作甚至生活。此外，这次演讲对你来说也很重要。如果讲得好，它的影响就会不断扩散，提高你的声誉，助力你的事业。因为这次演讲太重要了，所以你希望它成为你所做过的最好的一次演讲。

但是，如何吸引听众的注意呢？

我们的工作和生活中有太多的演讲。你、我，还有听众……大家都被应接不暇的线上会议、线下会议和幻灯片所淹没。我们为什么要开这些会？唉，这个问题很难回答，难道不是吗？这次的演讲非常重要，但你还有其他工作要忙，没有时间集中精力准备演讲。这对听众来说更糟糕，他们有那么多事要做，不可能全神贯注地倾听他们本应关注的重要信息。

想象一下，如果成功了会有多棒！

不过，请等一下。想一想，如果演讲结束时听众做出了改变，他们会是什么感觉。想一想，会议室里群情激昂，每个人都被他们以前从未听过的东西所吸引。想一想，他们因为你的故事而深受启发，从而提出了很多问题。想一想，你的分享给听众带去了希望，加深了他们对某件事的理解，激励他们去做一些对工作和生活有益的事情，他们因此发自内心地感谢你，这时你又会有什么感觉。

传统的演讲方式已经无法满足人们的预期了。

可是，你知道吗？如果你还像以前一样，采用传统的幻灯片形式，点一下幻灯片，说一段话，点一下幻灯片，说一段话，你是不可能有上面所说的那种感觉的。事实真的就是如此，难道不是吗？如果依旧沿用老方法，我们就不可能达成目的。那么，有什么别的办法吗？

也许，这次可以尝试一些大胆的做法?

这次的演讲非常重要，不如把所有的谨慎抛诸脑后，做一件你一直期望有人会做的事情：给听众讲一个精彩的故事。你觉得怎么样？如果能像写电影剧本一样精心设计演讲，会怎么样呢？如果你的演讲方式太有魅力，演讲结束时，听众还想继续听下去，会怎么样呢？这难道不是很了不起吗？

用一种很简单的方法，就可以做到！

你是可以做到的。有一种方法可以让你的演讲与人们花钱去听的故事一样充满活力，感情丰沛，有号召力。这种方法其实就是一个简单的公式，一个通用的算法，平常讲故事时我们可能注意不到。

当然，它不是以往的那种传统方法，但这正是重点所在。你的这次演讲如此重要，所以我们需要的就是大胆尝试。

你只需要做三件事……

现在，见证奇迹的时刻到了。要实现这次伟大的演讲，你只需要做三件事。首先，在日历上找到两个一小时的空余时间。把这两块时间空出来，然后找一个安静的房间。你可以独自一人，也可以找一个信得过的搭档一起。接下来，带上几张白纸和一支笔。在这两个小时内，按照下文的指示按顺序一张一张地把白纸填好。你的第一个快速演讲稿就写好了，它会永久地改变你的演讲方式。

快速演讲！

我很喜欢“快速演讲”这个名字，它给人的感觉恰如其名。你只需要填写几张纸，就会发现你对自己的想法有了更深的了解。而且，你用更少的时间准备好了一个更精彩的故事。你分享的故事会给听众提供足够的信息，他们可以判断你的想法是否值得花更多时间倾听。这正是快速演讲的意义所在。

你能收获什么？

你可能会犹豫，到底要不要尝试这种新的方法——你理当如此，因为我是在请你把事业中很重要的一部分交托给我。我的建议不过是一点点认知科学的知识，几幅简单的图画和一个古老的讲故事方法。你如果敢尝试，肯定是疯了。话说回来，想一想，如果公司的人都盛赞你是最具说服力的故事讲述者，那么你会有什么感觉？你有什么可损失的？更重要的是，你的收获难道不是很大吗？

你即将要做的演讲应该大放异彩。

我们又回到了原点。不过，我们现在有了信心：你即将要做的演讲将会大放异彩！

我们再来复习一下故事线。

这就是我要讲的小故事，采用的正是“快速演讲”的方法。你可以回头数一数，这个故事包含几个部分。答案是，共有10个部分，分别用一幅简单的图画隔开。我把这10个部分依次称为：清晰、信任、恐惧、希望、严峻的现实、热情、勇气、投入、回报和长期的胜利。这就是快速演讲的10个步骤。

在回顾这10小段话时，我还希望你能看到每一段话在推动故事发展上所起的特殊作用。最重要的是，我希望读到最后，你会比开始时感觉更好、更自信。

还记得我在曼谷与坤猜见面时画的那幅图吗？10个情感转折就来自那里：清晰、信任、恐惧、希望、严峻的现实、热情、勇气、投入、回报和长期的胜利。每当你想迅速抓住听众的注意力，让他们始终全神贯注，并促使他们采取行动时，你都可以讲这样一个故事。这就是“快速演讲”。

在接下来的章节中，我将介绍这条故事线的由来，为什么这个几乎适用于任何话题的演讲框架如此有效，如此具有说服力。我还会讲到如何将其作为你接下来演讲的理想模板。

做好准备

>>>

五种会议

要想开一次成功的会议，需要提前想清楚要达成的目的。

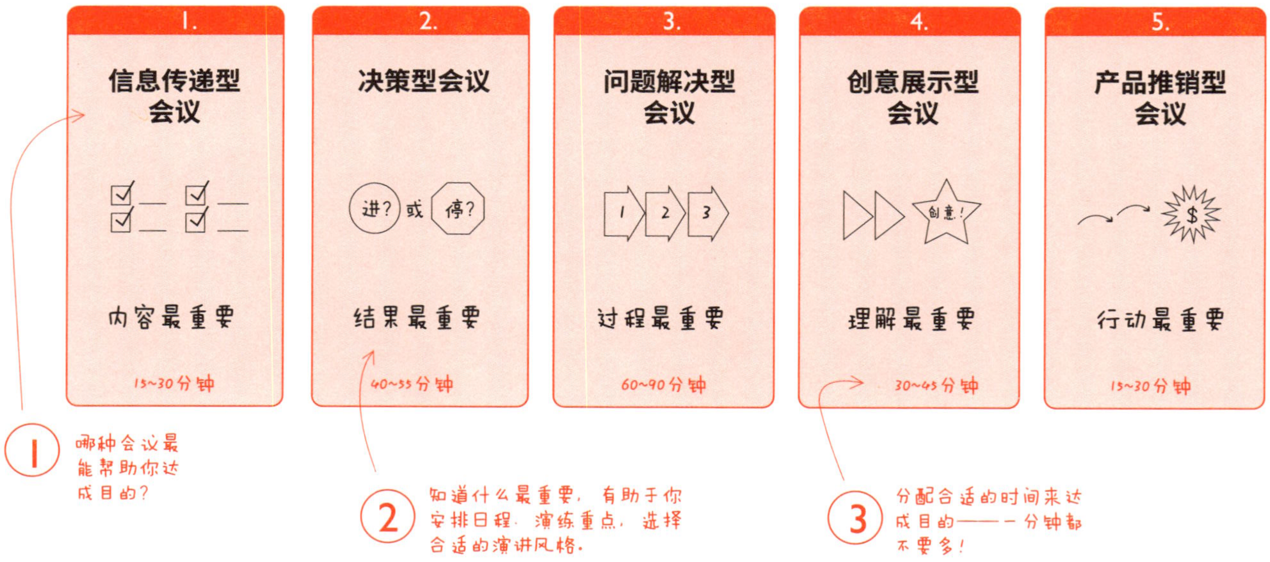

本表列出了五种会议，有助于你在邀请与会人员之前确定要开哪种会议。

第二章　　　　>> CHAPTER 2

为什么快速演讲最适合打造最具说服力的会议？

会议、演讲、说服、信心：做好准备

在我们开始讨论演讲细节之前，我还有一个重要的问题要问你：你为什么要召开会议？这个问题之所以重要，是因为开始的时候你越清楚自己想要什么样的结果，会议给人的感觉就会越好，对你和听众来说都是如此。我们可以这样想：你越清楚演讲的目的是什么，你走进会议室的时候就会越有信心，听众出来的时候也会越有信心。

说到演讲的信心，我有一件事要分享，占用不了多少时间。在过去的10年里，我做了五百多场大型演讲，每次演讲前，我都很紧张。你知道吗？其实所有演讲者都是如此。怯场在后台和演员休息室是一个禁忌话题，但过不了多久，大家就会开始承认这一点——每个人在演讲前都很紧张。不过，解决办法很简单：吃透手中的材料，准备一个精彩的故事。这也是快速演讲会派上用场的原因。

每次会议都有说服的成分，只不过有些多有些少而已

会议的类型有很多，每天都有无数个会议在召开，比如信息传递型会议、决策型会议、问题解决型会议、创意展示型会议、产品推销型会议。所有这些会议的目的各不相同，它们都有具体的流程、目标和议程。但所有这些会议多多少少都有一个共同的核心，即所有会议都有说服的成分，这一点对我们很重要。

在本书中，我们将重点讨论一些会议，或者说会议的某些部分。在这些会议中，你希望听众能够体验某种变化，使之内化，然后采取行动。你希望他们感受到的这种变化可能是颠覆性的，比如改变整个行业，使其适应快速变化的经济；可能与个人有关，比如帮助朋友养成健康的习惯；也可能是基础性的，比如理解并适应新的人力资源政策。

无论你想要改变到什么程度，说服的过程都面临一个共同点：你想让听众做一些他们平时可能不会做的事情，想一些他们平时可能不会想的事情，或者采取一些他们平时可能不会采取的行动。

最有效的说服方式还有一个共同点：要想赋予这次改变一定的意义，你的听众需要明白，你所建议的改变对他们是有益的。你想说服听众做出改变，不是因为你想让他们这样做，而是因为你相信你所说的一切会给他们带来更好的结果。

在本书中，你的目标是正面说服。

我认为有必要先讲清楚我所说的说服是什么意思。我说的不是咄咄逼人的争论、目标明确的胁迫，或是巧妙的操纵。我说的甚至不是表现得很有说服力。所有这些方法多多少少都有强迫的意思。它们当然也能起作用，但如果你想要的是持久的改变，那么这里有一个更好的方法：正面说服。在本书中，你会发现正面说服可以把听众吸引过来，让他们自己看到并相信你所期望的结果也符合他们的最佳利益。正面说服并不是开发客户的新方法，也不是社交媒体的新时尚。它是历史上最古老、最有影响力的一种销售方法。它之所以留存至今，原因就在于它很有效。

大约 80 年前，美国密苏里州的戴尔·卡内基还是一个梦想成为演员的肥皂推销员。他发现自己拥有倾听的天赋。卡内基很快发现，与当时通过叫喊招徕顾客的人及兜售万灵药的人不同，不用口若悬河，他通过积极倾听反而能卖出去更多的东西。他做了很多笔记，记录了倾听什么时候有效，什么时候无效。他因此想出了一个简单而有力的基于倾听的说服方法，并将自己的发现写成了一本书。这本书就是《人性的弱点》，后来成为有史以来最畅销的图书之一。

如今，《人性的弱点》中的很多内容读起来就像是老一辈传下来的常识，是很朴素的智慧。“只要真正对人感兴趣，两个月内，你就会交到很多朋友，绝对比你两年内通过吸引别人注意所交到的朋友更多。”“诚恳地站在他人的角度看待问题。”当读到这样的名言时，你会觉得这些话就像地心引力一样。很难想象卡内基所洞察的这些现象何时不存在过，但关键在于：他的观点不会让人感到盛气凌人。他的24条说服法则（他的著作有很多版本，说服法则的数目也存在很大差异）中的每一条都让人感觉……说得太对了。其中的核心就是双赢原则。顾名思义，最好的说服方法源自双方都成为赢家。

说服别人时，不要把他推逼到墙角，而要将他拉近。

这是典型的双赢方法，也是人们愿意接受的说服方式。这种方法不是要你把听众推到墙角，要求他们做什么；而是伸出你的手，提供一个有价值的想法，然后温柔地等待对方走向你。从长远来看，这种说服方式能够产生双方都受益的结果。

举个例子，如果你在开发一个创新的商业解决方案，你希望客户亲自尝试一下，那么你需要说服客户，这样做对他们真的有好处。再比如，如果你认为自己应该得到晋升，那么你需要说服老板，让她认为她也会从你的晋升中受益。如果你是一位企业家，希望分享自己的成功秘诀，那么你需要说服其他企业家，你的方法也会帮助他们获得成功。

遇到这些情况，你会怎么做？硬性销售、产品演示、提供免费样品，这些方法可能会起作用。不过，有一种方法一定有效，那就是讲故事。

当然，不是随便讲个故事，而是要讲一个非常具体的故事。这个故事随着人类的发展而发展，已经有了模板，经过了历史的检验，并且在不断改进，让正面说服日臻完善。不管你有没有意识到，通过电影、小说、布道、演讲，甚至是精心制作的广告节目，你一生中已经被这个故事影响了成千上万次。

它不仅是一个伟大的故事，而且是唯一一个伟大的故事。在接下来的章节中，你在准备自己的故事时，还会多次与之相遇。在我们讨论细节之前，你还需要多了解一点儿有关正面说服的背景信息。

如何正面说服

正面说服有三个核心：第一，你想要的结果也能让听众受益；第二，这个结果和相关的好处是听众想要的；第三，这个结果实际上是可以实现的。快速演讲就是围绕这三个核心展开的。身为演讲者，如果你相信这三点，以它们为焦点，并不断回到这三点上，那么你的正面说服就会对听众产生影响。

正面说服的三个核心：结果与听众有关；听众想要这个结果；听众可以实现这个结果。

正面说服的第一个核心：结果与听众有关。

如果你是要召开会议的人，或者是有重要想法想要分享的人，那么很明显，这是你的会议，你是那个要分享、思考或决定故事内容的人。这是事实，要不你为什么要召开会议呢？你的听众应该也清楚这一点。但是，他们不一定明白，无论你要召开的会议主题为何，它都不单单与你有关。

无论听众是喜欢你说的内容，还是讨厌你说的内容，重要的都不是你想说什么，而是他们愿意听什么。为了让听众重视你的想法，为了让你的决定具有实操性，你需要包装要讲的内容，将它们以特定的方式呈现和表达出来，以便听众能够通过看和听明白他们会从中受益。

当然，如果你传达的是好消息，那么过程会很容易。告诉某人他中了彩票，分享的过程绝对宜人。但如果是坏消息呢？如何让别人相信某件可怕或困难的事情对他们有益？快速演讲是这样处理这个难题的：不管你要传达什么信息，你都要把它当作好消息来传达。这就是快速演讲的第一个核心：无论你要说什么，都要以一种令人振奋的正面说服方式传达出来。

正面说服的第二个核心：听众想要这个结果。

正面说服的第二个核心是明确你所提供的好处是听众想要的。同样，如果你提供的明显是一个好东西，那么过程会很容易。每个人都想要一件漂亮的礼物，一个让他们有安全感的东西，一种让他们自我感觉良好的方法。如果你演讲的目的就是分享这些东西，那么你真是一个幸运的会议召集人。不过，大多数时候，你所提供的礼物从表面上看并不怎么样。

快速演讲追求的是双赢，它以一种受人欢迎的方式将你的想法展现在听众面前，并且是逐步实现的。快速演讲之所以有效，是因为即使真实的情况很可怕，它也接受你和听众的真实情况，并且尊重听众自己的意愿，让他们自己选择去做从长远来看正确的事情，即使这可能意味着短期内要承受损失。

快速演讲的说服策略是主动正面承认，从长远来看，最好的方法往往是迈出最难迈出的一步。当你采用快速演讲的方法时，你就是在对听众说："没错，事实就摆在那里——不管现在看起来有多难，知道这一点总是好的。既然直面这个问题是唯一的解决方案，那么这就是你想要的方法。"

这是世界上最有力的一条信息，因为你的如实讲述，也因为你愿意提供解决问题的办法，你会立即赢得听众的信任。这就是快速演讲的第二个核心：大胆接受真相，实事求是地解决问题，你会找到一种重新定义问题的方法，并在此过程中不断成长。

正面说服的第三个核心：听众可以实现这个结果。

正面说服的第三个核心是，长期的胜利并不是幻想。你不仅可以获得你所期望的长久利益，而且当你把它分解成一小步一小步时，要得到它实际上很简单。获得胜利的过程可能并不容易，但你的指示非常明确，你的角色已经确定，你的动机清晰可见。这些事情都确定以后，你和听众可以实现任何事情。

这就是快速演讲的第三个核心：它本身就包含了逐步解决问题的蓝图，而且这些步骤是可以实现的。作为采用正面说服方式的演讲者，你可以说："在我与你分享的这个故事中，你可以采取哪些步骤来实现你想要的未来，我已经列出来了。如果我们携手采取这些步骤，那么我们真的可以做到。"不管什么事情，我们都可以做到。

在接下来的章节中，请牢记这三个核心：

1. 你会受益。

2. 了解真相是件好事。

3. 我们可以做到。

你会看到它们一次又一次地出现。这三个核心将成为你构建正面说服故事的基本要素。

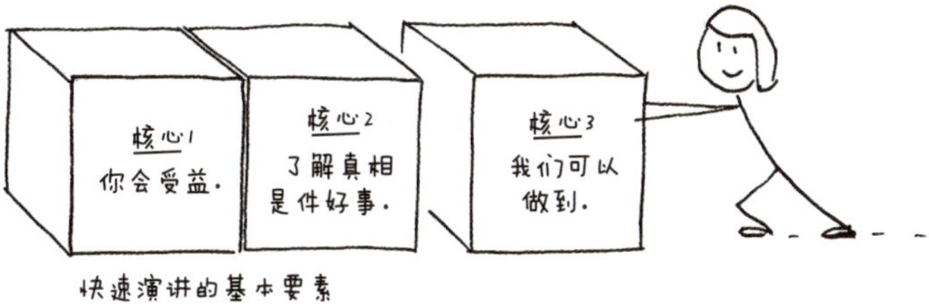

请牢记这三个基本要素。
它们会在后文反复出现。

其他会议也会受益

虽然本书的目的是打造令人难忘、以行动为导向的演讲，但快速演讲的技能在每一种会议中都能派上用场，因为不管哪种会议，都少不了说服的元素。因此，虽然正面说服是我想让你掌握的主要技能，但学习这种方法还有一个巨大的好处：既然每次会议都会涉及正面说服，你通过本书掌握的计划、可视化和讲故事的技能将有助于提高你和听众在各种会议中的表现。请听我细细道来。

因为会议的类型有很多种，我把它们列成了一个简单的图表，以帮助我清晰地思考每一种会议，并记住每种会议最重要的是什么。我发现，在这五个会议类别的基础上来思考，可以帮助我为适当的目标制订计划，直观地了解什么最重要，并为最有效的讲故事方法制定准则。

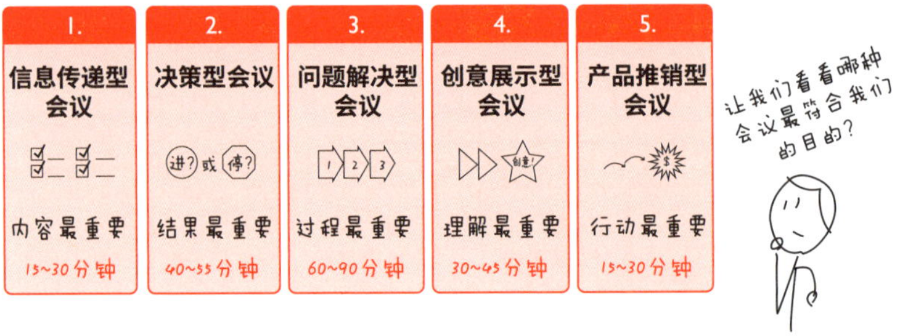

这是五种会议类型。为了达到开会的目的，你需要知道要召集哪种会议。

在这个模式中，你可以召集或参与的会议类型只有五种。你可以根据需要达成的目的选择五种会议中的一种，它会帮你实现目标。

1. 就信息传递型会议而言，内容最重要。

信息传递型会议是最基本的，也是开得最频繁的一种会议。在这种会议上，你需要让与会者了解新的信息，这样他们才能知道你对他们的期望是什么，并采取相应的行动。清晰的内容最重要，正面说服将帮助你传达：这些新的信息为什么重要？为什么需要采取行动？理想的会议时长是 15~30 分钟。

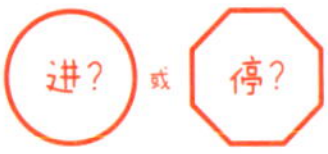

2. 就决策型会议而言，结果最重要。

当你和与会者需要决定某件事情时，召开的就是决策型会议。在理想情况下，所有与会者都应该有机会发表意见，并感受到自己参与了决策。不过，最重要的是，每个人都清楚决定是什么，接下来会发生什么，以及谁是负责人。正面说服有助于你为决定做好准备，使决策过程顺利进行，并推动与会者达成共识。会议时长与你想讨论和辩论的深度有关，理想的时长是 40~55 分钟。

3. 就问题解决型会议而言，过程最重要。

召开问题解决型会议时，你真的需要每个人都提供他们认为的最佳解决方案，并准备好解决这个问题。因为你需要每个人都在要解决的问题上达成共识，每个人都有机会提供意见，积极参与，并知道自己要对所选择的解决方案负责，所以会议过程最重要。正面说服将帮助你总结要解决的问题，然后传达所选择的解决方案是什么——也许可以通过演讲的方式传达。这是时间最长的一种会议，你应该计划 60~90 分钟。

4. 就创意展示型会议而言，理解最重要。

在创意展示型会议上，你希望与会者在你分享新想法或提出看待事物的新角度时，能够跟上你的节奏。对这种会议来说，理解是最重要的，因为听众越清楚这个创意对他们的重要性，他们就会越努力进行尝试。如果这听起来很像教学法，那么没错，它就是这样。我们可能称之为“领导力”、“教练”或“教育”，不管我们叫它什么，这种会议的关键都是正面说服——你的快速演讲技巧将会派上大用场。在理想情况下，这种“以教育为目的、以演讲为渠道”的会议会持续 30~45 分钟。

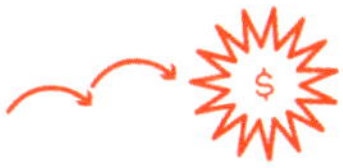

5. 就产品推销型会议而言，行动最重要。

在产品推销型会议上，你依然像授课一样。不过，让听众为了自己的利益采取你所建议的行动才是重中之重。快速演讲就是为这种会议而生的。它与创意展示型会议很像，但有一点很大的不同：只有听众迫不及待地开始尝试做出你与他们分享的改变，你的工作才算完成。要做到这一点，你需要听众心甘情愿地选择你所提供的东西，并为自己的选择感到高兴。采用快速演讲的方式，你可能会意外地发现，这是你所开过的最短的会议。

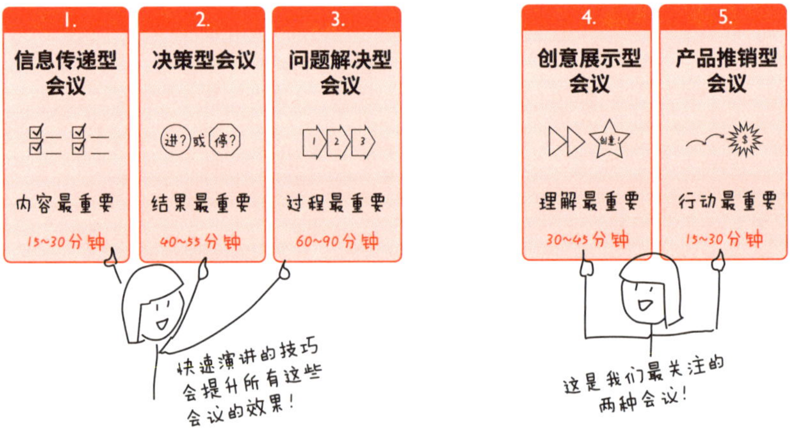

这就是我要讲的五种会议。提前思考哪种会议最能帮助你和听众实现目标，这是一个很好的会议准备练习。仅凭这一点就可以提升你主讲的每一次会议的质量，而且听众会因此喜欢你。

正面说服中的信心因素

在你开始准备快速演讲之前，正面说服还有一个值得思考的关键点，那就是信心。因为你要说服听众，让你演讲的内容在他们的心里扎根，所以你必须首先相信自己所传达的内容。说服来自相信，而相信来自信心。也就是说，听众对你的信心直接来自你对自己的信心。

反过来说，如果你对自己的故事没有信心，那么别人也不会相信它。但是，这样说不符合快速演讲的精神。同样的事情，正面说服用的是令人振奋的方法，我们要这样说：如果你真的对自己的故事有信心，那么别人也会愿意相信它。

所以，快速演讲的终极秘密就是，它可以帮你建立演讲的信心。具体的原因呢？快速演讲就是简单地讲一个故事，当你明白它只与两件事有关时，讲故事的信心是很容易建立的。首先，你要知道自己有一个精彩的故事要讲；其次，把故事讲好。仅此而已，别无其他。这正是我们接下来要一步步完成的事情。

回到你的身上

我希望你已经看到这种新方法将会使你受益，而且你很想获得这种益处，因为我们现在就要开始进行那三个帮你达成所愿的简单步骤了。

你只需要做三件事……
（还记得吗？）

下一章，你将需要做以下三件事：

1. 在日历上找到两块一小时的空余时间。把这两块时间空出来，然后找一个安静的房间。你可以独自一人，也可以找一个信得过的搭档一起。

2. 带上几张白纸和一支笔。

3. 在这两个小时内，遵照下文的指示按顺序一张一张地把白纸填好。

我们要开始了！

HOUR 1

第一个小时

准备简单的图画

视觉解码器

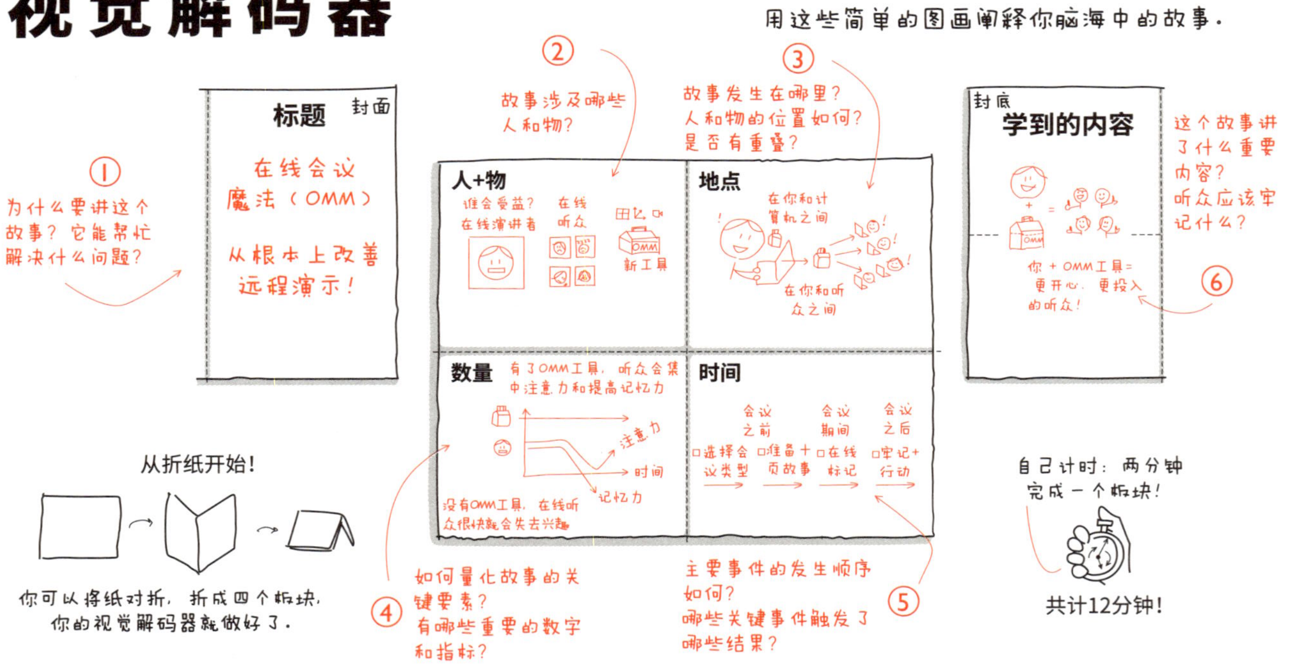

这就是视觉解码器。在接下来的一个小时里，你将用简单的图画快速填好内容，预先构思好自己的故事。（即使你不会画画，你也会觉得它很容易搞定。）

第三章　　　　　　　　　　　　　　　　　　　　　　　　　　　　>> CHAPTER 3

用视觉解码器参透自己的所思所想

故事已经在你的脑海里了，
视觉解码器的目的就是帮你找到它。

在你即将开始创作快速演讲之时，想一想，你想讲的这个有说服力的故事已经在你的脑海里了，只是在等待出场的时间，是不是很有意思？这个故事可能不完整，但我向你保证，它已经在你心里了，正等着你用超强的视觉能力来找到它。

你可以把这一章视为一个视觉热身练习。在你开始给故事添加细节之前，我想请你暂且把文字放在一边。原因是：虽然文字也很有力，但它们要么来得又快又猛，要么就是缓慢拖沓，无意中会掩盖我们的一些好想法。

对我们很多人来说，当文字开始登场时，我们既需要有开放性的创造力，又需要注重细节。当这种语言的“发散与收敛”同时发生在我身上时，我会感到筋疲力尽——它常常会在我最好的想法呼之欲出时拦住它们。为了避免这种情况的发生，我学会了讲可视化的故事，先让语言退居二线一小段时间。

在本章中，我将向你展示一个快速用纸笔进行视觉头脑风暴的方法，它会将潜伏在你脑海中的奇妙故事释放出来，这些想法和概念往往就隐藏在文字之下。我把这个方法称为“视觉解码器”。顾名思义，它的作用就是发现、配置并解码储存在你大脑深处的视觉图像。当你通过简单的图画呈现出这些图像时，你会发现它们已经包含了你的大脑想要讲述的故事的关键元素。

你的大脑已经知道你想讲的故事了，本章将告诉你如何找到它。

视觉解码器仿佛是一座桥梁，将大脑中视觉区域的图像库与语言区域的词库连接起来。与拥有无限图像的图像库相比，词库的结构更有条理。有了这个简单的工具，你就可以预先构思快速演讲，让心灵之眼开足马力，自由运行足够长的时间，在组织好语言之前深入直观地探索你的想法。

换句话说，视觉解码器可以帮助你有意识、有计划、有深度地挖掘大脑视觉区域隐藏的故事，而在这之前，你也许只会下意识地使用这个区域。

当你按照固定的顺序画出一系列简单的图画时，你会逐渐发现你的想法的闪光点，而这些闪光点你以前从未发现，它们会照亮你不知道自己已经拥有的元素、联系和见解。

要想讲一个好故事，首先要在视觉和语言之间建立一座桥梁。

如果你觉得很难相信我说的话，那是因为你所接受的教育可能会告诉你，讲故事是一种文字游戏，没有语言，就没有故事。我要告诉你的是，这并不一定是真的。虽然讲故事需要语言，但它往往首先是一种视觉练习。你的大脑首先看到需要描述的形状、人物、动作，然后才转向语言，加入叙述。从本质上说，伟大的故事始于伟大的视觉观察。

当你看到你所拥有的隐藏在语言之下的创造力和生产力时，我想你肯定会大吃一惊。让我来告诉你原因为何吧。

视觉解码器背后的科学原理

人类的视觉十分神奇，有非凡的说服人的潜力，简直不可思议。当你利用视觉来构思故事时，你需要探索并利用两个强大的秘密：人类的视觉容量和视觉过程。

第一个秘密是你和听众拥有的视觉容量。大脑用于处理视觉信息的区域要大于做任何其他事情的区域。目前，认知科学家估计，整个大脑 1/3~1/2 的区域主要用来处理视觉信息，处理视觉信息消耗了身体氧气摄入量的 10% 左右。

想想看，你吸入的所有空气，有 1/10 专门用于为眼睛提供动力。仅仅这一点就足以证明我们要善用视力。不过，当了解了视力的强大力量时，你还有很多东西需要考虑。

例如，作为一个讲故事的人，你需要努力创造并捕捉自己的最佳观点。其实，你只要看向自己的内心，看向那些已经存在于大脑视觉区域的图像，就可以学到很多东西。换句话说，如果想把已经存储在大脑中的图像呈现出来，只要画画就行了。虽然一开始可能看起来很傻，但你会发现，画画可以打开大脑中更广阔的区域，那里隐藏着丰富的见解，除了画画，我们用其他方式都无法接近那里。

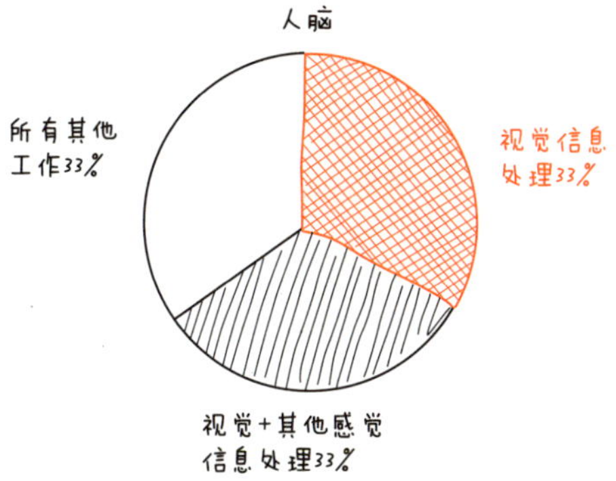

仅视觉和视觉信息处理就占了整个大脑活动的1/3~1/2。

反过来说，作为演讲者，为了让听众保持注意力，让你的故事在他们的心中生根发芽，你只要按照视觉的逻辑顺序展示一系列简单的图画即可。他们的视觉思维会因此保持活跃并全神贯注，这进而会让他们的所有注意力集中在你和你所传达的信息上。

现在我们来看第二个秘密：视觉是一个过程。从认知和生物学层面上讲，人类的视觉是一个不间断的重复过程。像任何其他类似的过程一样，视觉是可以预测的。也就是说，在可视化的讲故事方式中，存在一个自然的图像元素顺序，是人们喜欢遵循的。为什么他们喜欢遵循这个顺序呢？因为这正是我们经过数百万年的进化后看世界的方式。

为了帮助你在准备视觉解码器时用上这些知识，我将陪你一起完成一个快速的思考练习。随后，我会解释如何用这个练习创建你的视觉解码器。接下来，你要做一个快速的热身绘画练习。

视觉魔方练习

首先，我们先做一个思考练习。准备好了吗？让我们开始吧……

想象一下，你正带着狗散步。

一个适合遛狗的好日子。

天气很好，阳光明媚，你走在一片开阔的田野上。你的狗很开心，上蹿下跳，期待着可以追鸟玩儿。多么美好的场景！

不过，你是怎么知道这一切的呢？因为你的视觉系统正在燃烧大量的卡路里，将你周围的光以光子的形式转化为一个大脑可以理解的连贯故事。太阳、狗、鸟，所有这些元素的相对位置，甚至包括有多少只鸟以及它们在做什么，场景中的所有元素都被你的视觉系统捕捉到，它测量和处理所有的元素，并在几分之一秒内将它们转化为有意义的信息。

你的视觉系统正在努力工作。

你的视觉系统一直在这样做，而且从不休息。（要知道，仅仅这个过程就占了整个大脑活动的 1/2。）只要你起身走动，你的视觉系统就必须跟上，监测周围的世界，引导你前行。你的身体知道世界是活跃的，不断变化的，到处潜伏着机会和威胁，所以大脑的视觉区域一直处于高度的警觉状态。

当看到这个过程的运作方式时，你会惊呼这几乎就是奇迹。这个过程涉及很多东西，包括电信号、化学反应、生理事件、认知发现和评估、神经过程，至少就这个想象中的一天而言，所有这些都是为了帮助你安全愉快地遛狗。

就准备演讲而言，在整个过程中，最让我们感兴趣的是视觉如何在讲故事的层面发挥作用。既然我们知道存在这样一个过程，它经过了很多年的发展，而且我们还知道它能有效地解码一个复杂的世界，让我们专注于重要的东西，那么我们如果能把这个过程当作模型，打造一个可视化的故事，是不是很酷？我相信你可以做到，视觉解码器起的就是这个作用。

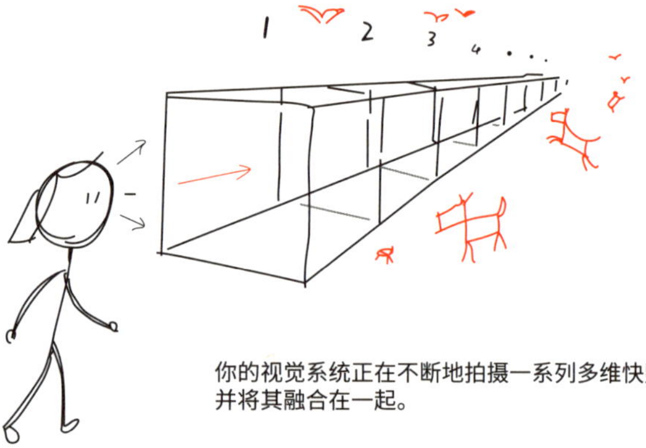

你的视觉系统正在不断地拍摄一系列多维快照，并将其融合在一起。

认知科学家和视觉研究人员提出了很多模型，其中一个模型是这样的：当视觉系统引导你前进时，它会不停地拍摄一系列多维快照，每一张快照记录的都是你看到的周围环境的一瞬间。

一路上，你的视觉系统从每张快照中提取不同类型的视觉信息，并将它们融合在一起，以保持故事的连贯性，并帮助你预测接下来会发生什么。

在这个模型中，每张快照都包含各种各样的输入信息，它们是由大脑中分散的视觉通路捕捉和处理的。这些输入信息有些是你看到的物体的图像（狗、鸟），有些表明的是这些物体的位置（狗在这里，鸟在那里），有些说明的是这些物体的数量（有一只狗和两只鸟），还有一些会追踪这些物体是如何随时间的推移而变化的（也许有更多的鸟飞来）。

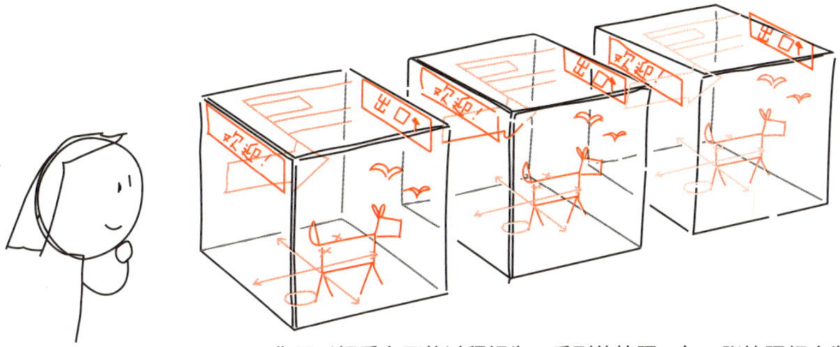

你可以把看东西的过程视为一系列的快照，每一张快照都会为你提供一点儿信息，然后引领你走向下一张快照。

没错，这个过程包含了很多元素。(想想看，光是看着狗，就燃烧了这么多卡路里!) 大脑能够在其内部生成一个不断更新的视觉故事，并让你专注于最重要的事情，它的这个功能就是你即将要利用的超能力。

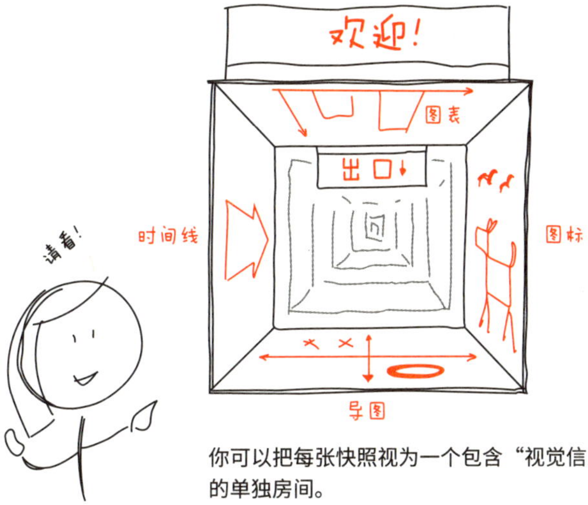

你可以把每张快照视为一个包含“视觉信息”的单独房间。

你可以把这些快照视为一个个数据可视化的房间，它们围绕着你，为你提供那一刻移动所需的所有视觉信息。当你走进写着“欢迎”二字的房间时，墙上的屏幕会让你了解周围的事物，了解它们的位置和数量，以及任何瞬时的位移或变化。你环顾四周，快速评估，然后走出房间，记住了那一刻的重要信息。现在，你准备进入下一个房间了，这个房间与前一个房间属于一个连续体。

我很喜欢这种心理模型，因为它在很大程度上去除了“视觉过程”无形的神秘感，并且在你有意地唤起自己视觉记忆中的丰富故事时，这种方法十分易于模仿。

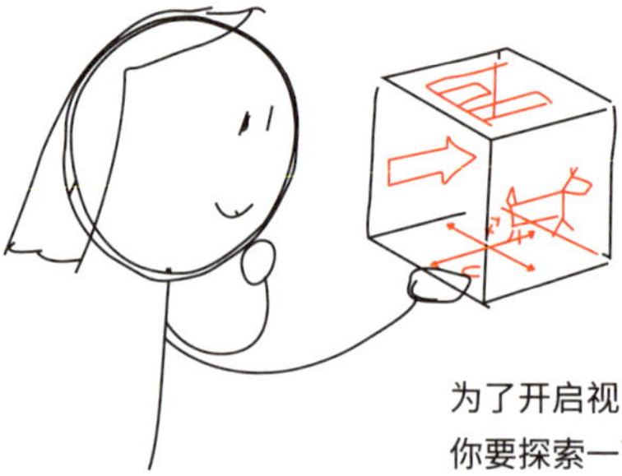

为了开启视觉记忆，
你要探索一下你自己的“视觉魔方”。

我们先将这个类比记在心中，随后我们将创建一个视觉魔方来重新演绎这个过程。不过，我们不再用遛狗这个例子，而是要帮你发掘已经存在于你脑海中的故事。

在立方体上画画不太方便，我们可以将立方体展开，它其实就是一张纸，也就是我们所说的视觉解码器。这样更容易通过一个个的视觉元素画出你的想法。

将视觉魔方展开，
就是视觉解码器。

什么是视觉解码器？

视觉解码器是一个简单的画画框架，用一张白纸就可以做成。正如上文所示，它直接来自你的视觉过程。在诉诸文字之前，视觉解码器有助于你快速识别、验证和预先构思你要与听众分享的故事的所有关键元素。

视觉解码器实际上就是一张对折成四个板块的纸，外面是封面和封底，里面是四个板块。每一块的内容都是相互关联的，顺序就和上文遛狗的例子一样：物体、位置、数量和变化。这些按顺序绘制的图画就构成了完整的故事的草稿，而这个故事早已存在于大脑的视觉区域。

视觉解码器的各个板块如下图所示：

视觉解码器

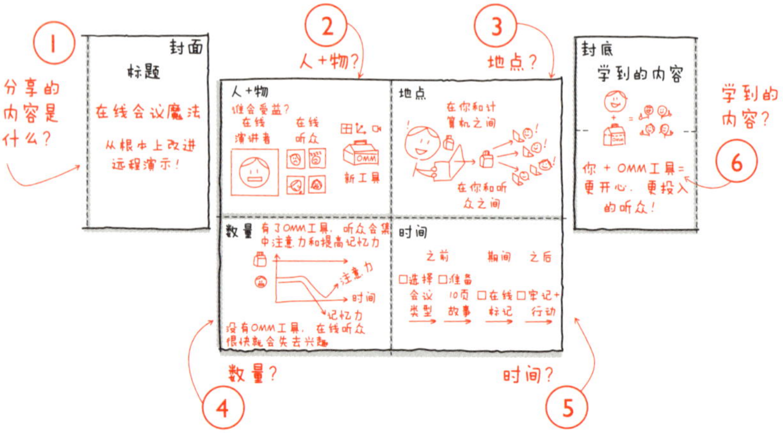

1. **封面 / 标题（文字）：** 给你将要探讨的问题、机会或故事起个名字。

2. **人 + 物（事物 = 图标）：** 故事中涉及哪些人和物？

3. **地点（位置 = 导图）：** 故事发生在哪里？给故事增添趣味性的人和物处于什么位置？是否有重叠？

4. **数量（数量 = 图表）：** 如何量化故事的关键要素？有哪些重要的数字和指标，你可以用它们来说明故事的重要性？

5. **时间（变化 = 时间轴）：** 故事里有哪些你想让我们知道的变化或事件，它们的主要发生顺序如何？有哪些关键事件让这个故事值得一讲？

6. **封底 / 学到的内容（文字或图画，亦可两者都放）：** 我们从这个故事中可以学到什么重要内容？在理想的情况下，你和听众在回想这个故事时会记起什么内容？

你将用画画的方式依次填好每个板块。简单、粗略、快速地画完即可。视觉解码器完成后，你对已存储在你脑海中的故事的理解将会更加深入，你将确定好关键人物，发现让你惊喜的新元素，收集到新见解，它们会在下一步你开始准备完整的快速演讲时起到很好的作用。

汉堡、热狗、迷你汉堡：制作你的第一个视觉解码器

多年来，我和同事对视觉解码器进行了数千次的实地测试。我们的客户包括世界上最大的咨询公司，那里的小伙伴们奔向打印机去搜寻白纸；首席执行官们在会议室里折纸标注；斯坦福大学的工程师会借同事的笔开始画画；还有二年级的小学生，他们因为能在英语课上折纸而高兴地尖叫。

我们从这些人身上学到了很多东西。比如，对他们来说，什么故事最重要；人们多么喜欢有一个搭好的框架，只要填上内容就行；视觉解码器作为一个视觉头脑风暴工具在速度和效果上是多么无与伦比。不过，在所有从这些人身上学到的内容中，我最喜欢的还是二年级的小学生带给我的启发。拿一张纸，你要开始制作你的第一个视觉解码器了。

- **视觉解码器的要点：如何准备？如何标注？如何填写？**

第一步：如何准备视觉解码器

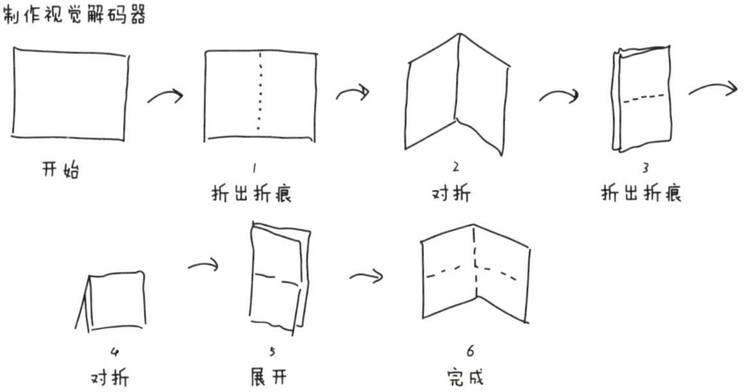

◎将纸展平，放在面前，沿垂直方向从中间折出折痕。

◎左右对折。“哇！”二年级的小学生说，“我们折了一个汉堡！”

◎（不要上下对折。“那就是热狗了！”二年级的小学生尖叫道，“我们不要热狗。”）

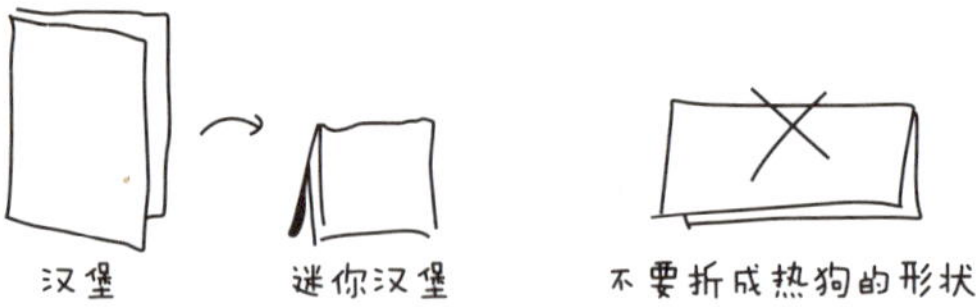

◎ 现在将折好的纸沿水平方向折出折痕。

◎ 上下对折。现在，你应该做好一个小钱包了。“耶！我们做了一个迷你汉堡！”二年级的小学生超爱迷你汉堡。

◎ 将其展开。

◎ 你的视觉解码器现在就做好了，可以开始标注了。

第二步：如何标注视觉解码器

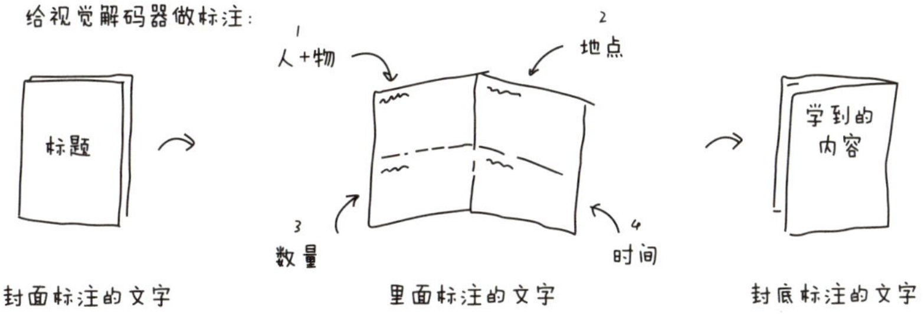

◎ 在封面上写上**“标题”**二字。

◎ 打开视觉解码器，在左上方的方块一角，写上**“人+物”**。

◎ 在右上方的方块一角，写上**“地点”**二字。

◎ 在左下方的方块一角，写上**“数量”**二字。

◎ 在右下方的方块一角，写上**“时间”**二字。

◎ 在封底写上**“学到的内容”**这几个字。

你的视觉解码器现在已经准备就绪，也做好了标注，可以开始使用了。它应该是下面这个样子：

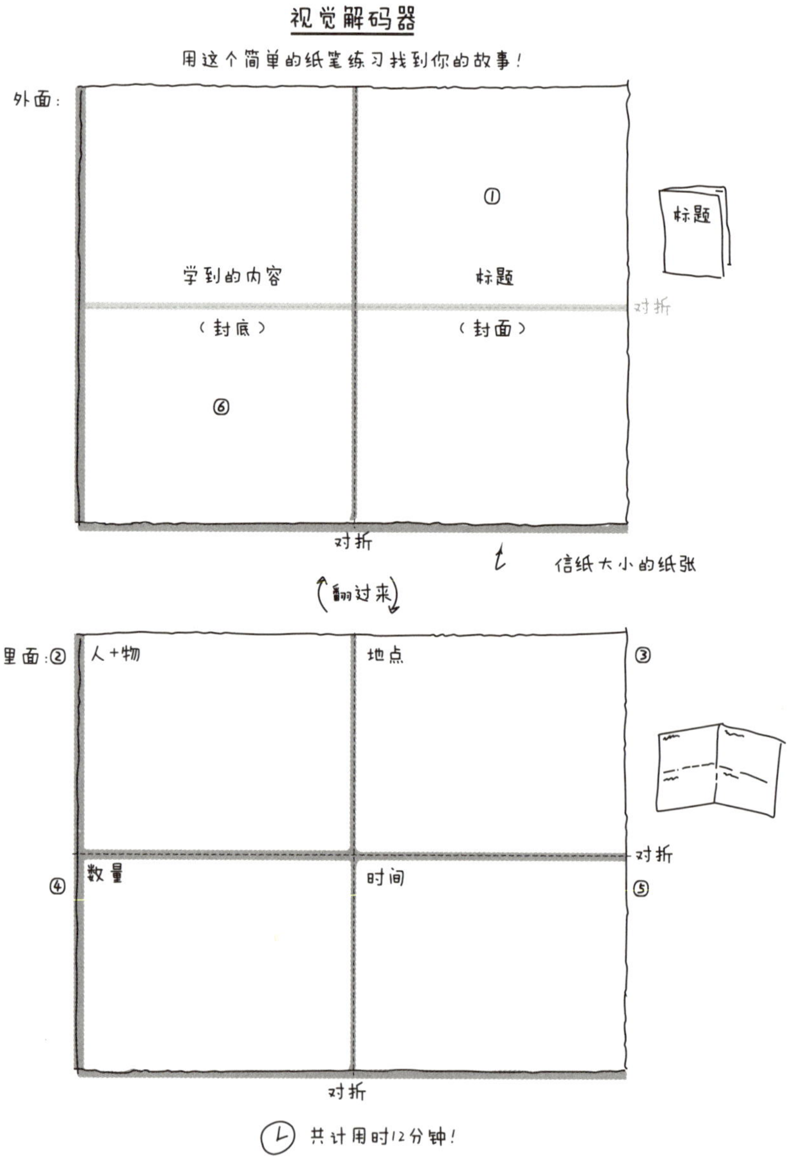

第三步：如何填写视觉解码器（在填写之前，请先阅读下文！）

现在，空白的视觉解码器已经做好，标注也已经完成，你可以用简单的图画和符号进行填写了。

- 从封面开始，按以下顺序逐一填好六个板块的内容：

  1. 标题
  2. 人 + 物
  3. 地点
  4. 数量
  5. 时间
  6. 学到的内容

- 准备好计时器（比如手机上的计时器），每个板块只需两分钟。完成一个板块，重新设置计时器，开始填写下一个板块。重复六次，总共用时 12 分钟。
- 在每个板块中尽可能快地画出最简单的图画，表明你对这部分故事的视觉印象。（如果你觉得自己不会画画，请不要担心，我保证你可以画出来。我一会儿会举一个详细的例子，到时候你就会发现画画有多容易。）
- 画完之后，你手中的这张纸看上去会清晰简明，你的想法的要点会以可视化的方式呈现出来。在本书的后半部分，你将以此为基础完成快速演讲。

• 用视觉解码器讲一个熟悉的故事

在你首次用自己的故事填写视觉解码器之前，我先给你举两个例子。我会把每一步都列出来，供你参考。在第一个例子中，我的女儿用视觉解码器讲述了一个她熟悉的故事；在第二个例子中，我用视觉解码器展示了我最新的商业理念。

第一个例子的目的是告诉你，用你能够画出的简单图画完成视觉解码器是多么容易。第二个例子表明，你可以用完全相同的方法阐明自己的商业、教育或专业想法。在这两个例子中，你会发现即使我们想要分享的东西天差地别，我们也可以使用同一个模板。

视觉解码器例 1：哈利·波特

当我正在思考用哪个故事作为视觉解码器的首秀时，我突然意识到，我可以让我的女儿切莱斯特分享她最喜欢的故事。切莱斯特之前也是个二年级的小学生。我们家是一个很重视视觉的家庭，切莱斯特经常看我用图画解释东西，于是，我让她也这样做一次。她选的故事是《哈利·波特与魔法石》。这并不是一个商业故事，不过，你很可能听说过这本书和同名电影。这个例子很好，因为它可以说明任何故事都可以用几幅简单的图画来讲述。

那么，请跟随切莱斯特一起，看看她如何用自己的图画填充视觉解码器，然后，你就会从中明白它的工作原理。

第一个板块：在标题页写上你想分享的想法或故事的名称。

切莱斯特在标题页上写下了“哈利·波特：可视化总结”几个字。这是我们的起点，在这个阶段没有必要过于仔细地思考，你只要写下第一个浮现在你脑海里的标题即可。这一步很简单。

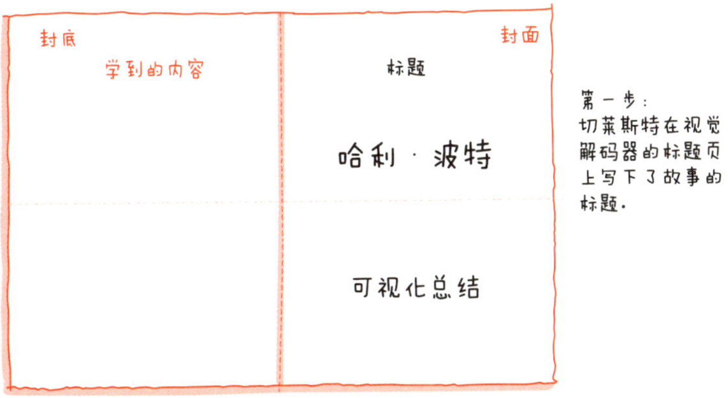

第二个板块：接下来，打开视觉解码器，在“人＋物”这个板块上画画。

现在，打开视觉解码器，我们要进入视觉魔方，开始激活视觉记忆库了。不管讲什么故事，最简单的开头方法就是想一想故事中的人物。主要人物有哪些？谁最重要？最先想到了谁？

切莱斯特回想了她在《哈利·波特》中读到的主要人物，迅速画了几个简单的笑脸，分别代表哈利、赫敏、罗恩和邓布利多。这一步的关键是速度。你要尽可能快地捕捉到最先出现在脑海里的名字和面孔。如果你看看下面切莱斯特画的画，你就会发现她笔下的图标只不过是有眼睛、嘴巴和头发的一个个圆圈。其实，只要有足够的细节让它们区分开来即可。写下主要人物的名字，分别画一个图标代表他们，整个过程她花了不到一分钟的时间。

切莱斯特说："还有坏人呢！"于是，她又加上了眼睛像蛇一般的邪恶的伏地魔，还有悲伤的奇洛教授。我问切莱斯特："书中有没有什么重要的东西，不是角色，但非常重要？"她想了一会儿说"有"，然后画了一道闪电。"那就是魔法。"

切莱斯特在"人+物"板块中画了故事中的几位关键人物。

后来，她又加上了故事中的重要东西，即"魔法"。

第三个板块：现在，向右移一个板块，在"地点"这个板块上画画。

既然我们已经知道了所谈论的人和物，现在应该把思绪转移到地点上：这些人在哪里互动？他们互动的地点有没有重合？他们的行动发生的地点在哪里？切莱斯特回忆这个故事时意识到，哈利·波特身处两个世界：麻瓜所在的非魔法世界和巫师所在的魔法世界。切莱斯特画出了这两个世界，分别用哈利位于伦敦附近的女贞路上的家和霍格沃茨魔法学校为代表。这两个点由霍格沃茨特快列车的铁路线相连，它是哈利（还有我们读者）往返两个世界的通道，在字面意义上和比喻中都是。

切莱斯特的这幅画很简单，她将故事中的关键地点提炼成了一张一眼就能看懂的导图。当你的目光在纸上跳跃时，你可能会看到几页几页的文字被浓缩成了一幅画。通过这幅画，你开始记起或想象丰富的情节、人物间的互动和可能上演的故事。这就是导图的力量，也是你在视觉解码器“地点”这个板块画画时要寻找的视觉魔力。

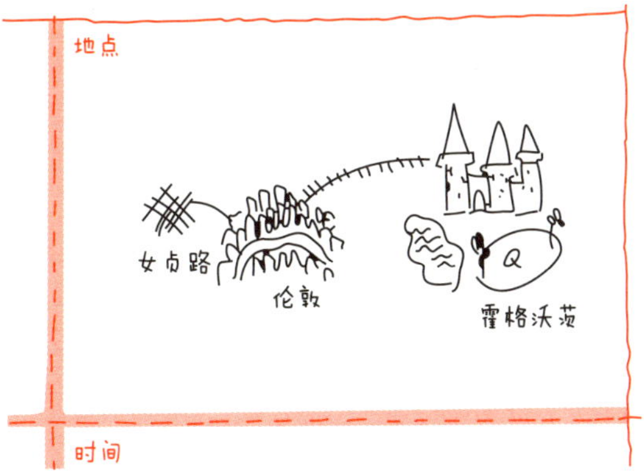

切莱斯特在“地点”板块中画了一幅导图，说明了故事发生的重要地点。

第四个板块：移到左下角的方块，开始画“数量”这个板块。

进入“数量”这个板块时，你可能会觉得心里哐啷一声。这是因为你在让你的视觉大脑从故事地点到故事数量做一次很大的跳跃。“这是什么意思？”切莱斯特问道，“我是不是应该画一幅图，说明书中有多少个巫师？”

“没错。”我回答说，“在这个板块，你要画一幅画，让你的‘计数大脑’发挥作用。”快速计数和猜测是视觉的一个核心功能。有了它，你便能够比较你所见的不同东西的数量，并立即评估哪个更值得关注——是你已经拥有很多的东西，还是你没有多少的东西。

切莱斯特想了一下，眼睛一亮。“我要画一张图表，比较哈利·波特的世界里麻瓜的数量（很多）和巫师的数量（很少）。”她是这样做的，用一根长条代表所有的麻瓜，旁边的短条代表数量较少的巫师。

切莱斯特在“数量”板块中画了一个简单的图表，说明了故事里可以量化的一些元素。

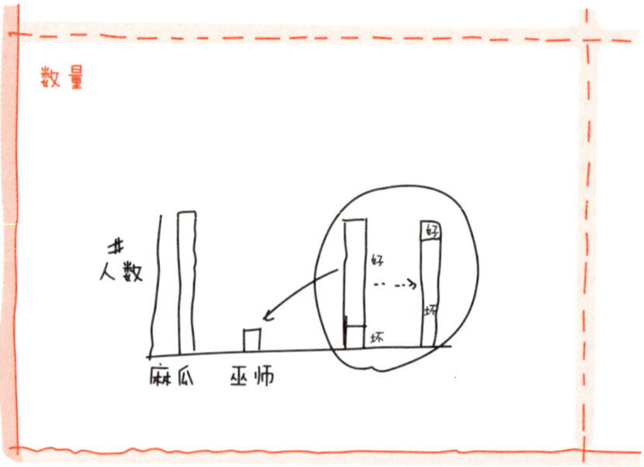

当看着手中的画时，她又想起了一件事。“海格告诉我们，‘并非所有的巫师都是好巫师。’”于是，她又画了一张图表，表示在所有巫师里，还有一小部分坏人。“不过，随着故事的发展，坏巫师的数量会越来越多。”这是支撑整个故事的一个有趣见解，一个只有通过画图才会浮现出来的见解。

第五个板块：移到右下角的方块，开始画“时间”这个板块。

现在，所有元素均已就位。切莱斯特通过用两分钟画好的一幅幅图画把整个故事的精髓呈现了出来。她知道故事里有哪些人和物，他们的位置，他们在故事的开头和结尾数量如何。就她的视觉大脑而言，这些就是完成故事所需的所有原材料。剩下的就是结尾，将它完整地呈现出来即可。这就是“时间”板块的作用。

“时间”是视觉解码器的倒数第二个板块，故事的全部情节将在这里展现。什么时候发生了什么事情？先后顺序是什么？哪些事造成了什么影响？切莱斯特迅速画了一条时间线，将关键事件串联起来。哈利最开始是伦敦的一个穷小子，但后来他在霍格沃茨接触了魔法，结交了朋友。他在那里加深了对自己的了解，学习了魔法课程。最后，在故事的高潮部分，哈利和他的朋友们大战恶魔，而且赢了！耶！后来，哈利又回到了伦敦，也许还是很穷，但现在他知道了一个改变他一生的秘密——他是一名巫师。

谢谢你，切莱斯特，还有 J. K. 罗琳。这真是一个好故事。

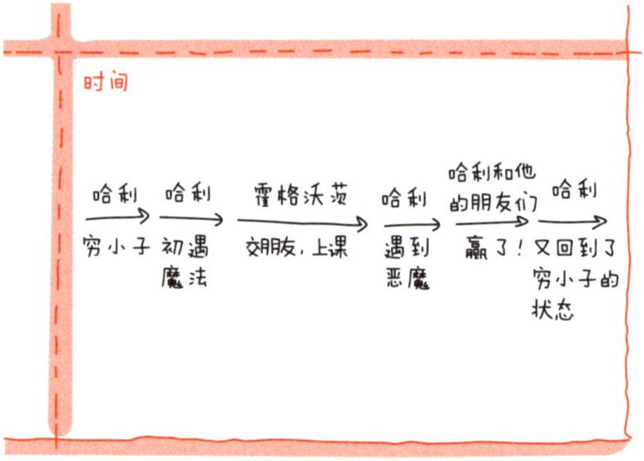

切莱斯特在“时间”板块迅速画了一条时间线，说明了故事里发生的重要事件。

第六个板块：翻过来，在“学到的内容”这个板块上画画。

不过，切莱斯特还没有做完，视觉解码器的封底还需要填写。“学到的内容”这个板块是故事的收尾部分，以视觉体验的形式将整个故事整合在一起。你可以把它称作故事的寓意、收获或重大启示。这是对视觉大脑深入挖掘故事的回报，也是我们讲这个故事的原因。

切莱斯特刚刚画完人物、地点、数量和故事的发展顺序，一切都还历历在目，所以她很快就想到了《哈利·波特》的寓意。她画了一张邪恶的脸，上面又画了一张笑脸。她说：“通常情况下，好巫师会制衡坏巫师。”她继续边画边说：“但有时候，坏巫师会变得很强大。我想《哈利·波特》这本书是想告诉我们，友谊、真理和爱，”她画了三个相交的圆圈，“可以彻底粉碎邪恶！”接着，她画了一张被友谊、真理和爱压扁的邪恶面孔。“我想这就是我们从这本书中学到的内容。”

好极了，切莱斯特！

她停了一下，说：“至少在这个系列中的这本书中是这样的。”

最后，切莱斯特用画画的方式总结了这个故事中的寓意。这就是她认为最值得记住的内容。

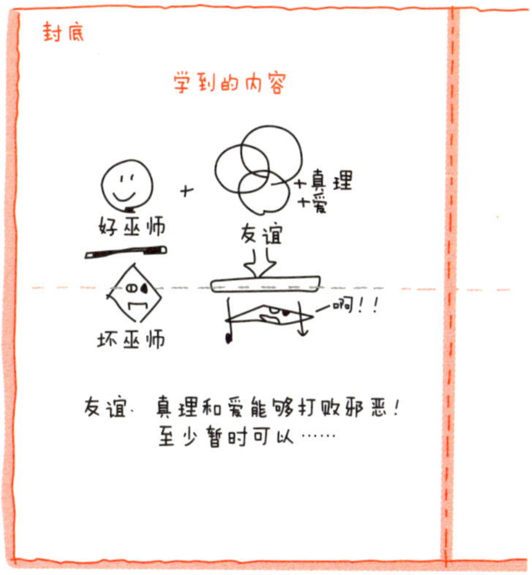

这就是你的第一个视觉解码器，感觉如何？

这就是切莱斯特做好的视觉解码器，制作它总共花了不到 15 分钟。在这么短的时间里，视觉解码器激活了她大脑中所有与讲故事有关的重要视觉中心。在这个过程中，这个用纸笔填写六个板块的简单练习让她看到了故事中的新元素，帮她建立了她以前从未建立过的联系，让她的大脑迅速做好了复述整个故事的准备，而且帮她准备了一份简单的小抄，让她可以自信满满地分享这个故事。

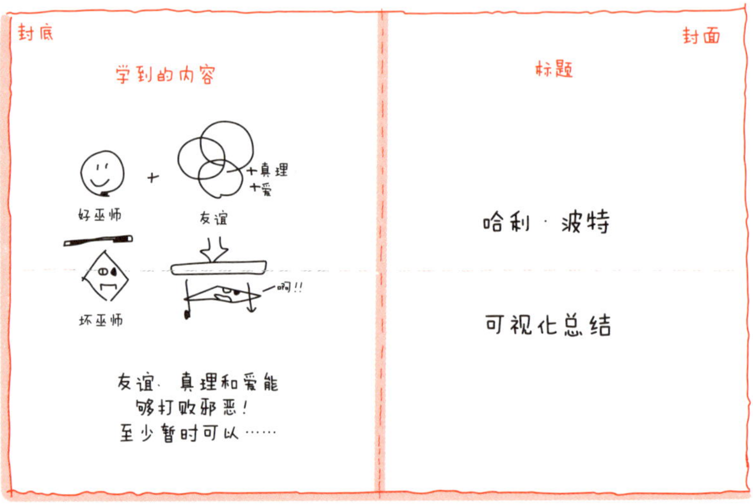

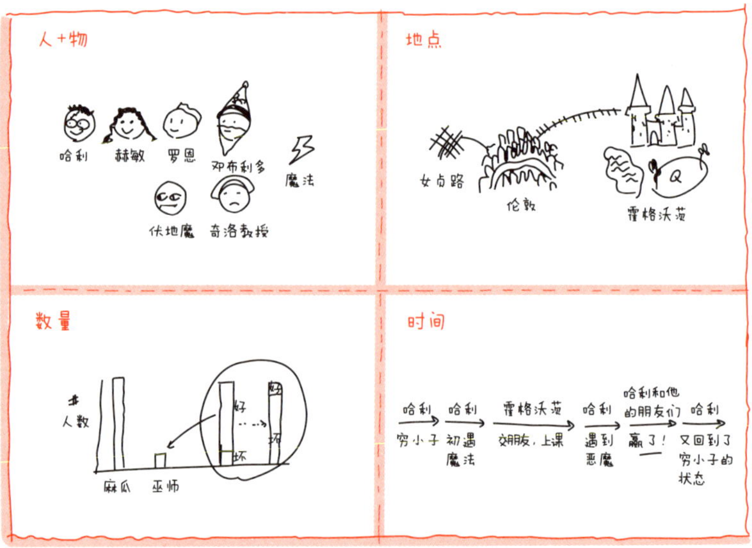

下一章，我会再举一个视觉解码器的例子（一个商业领域的例子），并邀请你和我一起动笔画一画你自己的视觉解码器。不过，

在此之前，我想再强调一下，为什么我认为这项练习至关重要，为什么你在开始诉诸文字之前必须先完成它。

首先，填写视觉解码器是讲故事前的热身练习。花短短十二分钟的时间，有意识地按顺序预先构思故事，你会很快想到更多的信息，同时你的头脑会得到释放，对你的故事进行更加深入的探索。

其次，在纸上把想法画出来，就用不着费力记住它们了。如果你想回忆一下你可能已经忘记的东西，那么你只要看看这张纸就行了。你画的画会起到很好的提醒作用。因此，把视觉解码器保存好，后面开始写故事时，你可以用它做参考。

最重要的是，通过做视觉解码器，你会发现快速演讲中最重要的部分，即为什么要做这次演讲。我们再看一下切莱斯特的第六个也就是最后一个板块“学到的内容”。

这个板块总结了从整个故事中得到的重要收获，所以也是最重要的板块。不过，如果切莱斯特没有先填写其他板块，那么她根本不可能把这块写好。

这就是为什么我请你在开始写稿之前先完成视觉解码器。正面说服最关键的部分就是“为什么”：为什么你所讲的内容，对听众来说很重要？听众如何受益？你只有自己亲历一遍才会知道个中原因。先通过视觉解码器让视觉大脑构思一遍故事，你会发现真正重要的原因。这将成为快速演讲的驱动力。

第四章 >> CHAPTER 4

拿起视觉解码器，让图画说明一切

在本书的开头部分，我曾说过，有时我会给你画一幅画，有时我会请你为我画一幅。

现在是时候了。你已经知道视觉解码器是什么样子了，所以请你自己画一个视觉解码器，热热身，为讲故事做好准备。不用担心，我会和你一起画。我会一步一步创造我的视觉解码器，同时向你解释我在做什么以及为什么这么做。

准备好一张白纸、你最喜欢的笔和一个计时器。你的第一个 12 分钟的视觉解码器创作之旅即将开始。

（别忘了，我之前说过，如果你想跳过这项作业，继续往下读，也没关系。如果你现在不想画，那么你可以看着我做。在你觉得自己准备好的时候再回到这一章。）

你真正想讲的故事

现在，我们要动真格的了。你将消耗大量的卡路里来释放视觉大脑，所以我们要确保现在开始画是值得的。既然你希望自己画的画后面能够派上有场，现在就需要花点儿时间想一想你希望在现实世界中用正面说服所分享的故事。如果你心中已经有了要讲的话题，那很好，这可以作为你的起点。如果你还没有确定要讲什么，那么我这里有几个很好的例子，不少人会从中选择一个来练习快速演讲，你也可以从它们开始。

快速演讲的起点：选择话题

- 你近期有没有重要的演讲或会议，你真心希望可以出色地完成？
- 你有没有什么工作上的想法希望与人分享，但因为不确定团队会如何回应，所以一直犹豫不决？

- 你有没有很想达成的一笔交易，而你正在寻找可以与潜在客户分享的合适信息？
- 你想不想加薪？你是否在想，也许是时候说服老板给你分配更多的工作职责了？
- 你有没有想与家人分享的东西？你是否想改变生活方式，同时需要得到家人的支持，因为这样改变才能持久？

当浏览这些话题时，你可以看看有没有哪条触动了你的心。要知道，你的快速演讲将会很精彩，所以为什么不把眼光放长一点儿呢？现在是创作一个可以改变生活的故事的好时机，所以放手去做吧。你的生活中有哪些地方可以从积极的改变中受益？把这个故事讲给我听吧。

着眼大处

现在只需着眼大处。比如，你的重大演讲的话题应该是什么？你的新商业理念有没有什么有趣的地方？你需要销售的东西是什么，价格是多少？老板为什么要给你加薪？给出一个简单的理由。你要提倡的能提升家人生活的新习惯是什么？

不要担心细节，比如你到底要说什么，对象是谁，或是你所说的对你自己或听众有什么好处或影响。创建视觉解码器的意义就在于，所有这些细节会在创建过程中浮现出来。在最开始时，只要有一个粗略的想法就可以了。我们现在要开始了。

首先，准备视觉解码器

还记得切莱斯特是如何制作视觉解码器的吗？她是如何折叠，如何标记的？现在，你也拿张纸做一做。（完整的说明，参见第62~65页。）

准备好计时器，设置两分钟，但先不要启动。我会告诉你什么时候开始计时。

现在，我讲一下接下来的步骤。

在浏览接下来的几页的过程中，你不再是简单地阅读，而是要动手创作自己的视觉解码器。在这个过程中，你将鼓励视觉大脑去探索你要讲的故事，而这个故事最终将成为你的快速演讲的内容。你要做的就是快速画出故事中的“人”“物”“地点”“数量”“时间”“学到的内容”。

我们先来预览一下接下来的步骤。

1. 启动计时器，用两分钟的时间填写一个板块，按顺序完成所有六个板块的内容。

2. 我先开始：我会告诉你我在想什么，把它画出来，然后简单解释我画的是什么以及为什么这样做。我会逐步完成六个板块。

3. 接下来，该轮到你画了。速度要快，时刻催促自己要抓紧时间。在这个阶段，不要回过头去编辑修改。我们之所以设定两分钟，是有目的的——两分钟足以把很多好想法画在纸上，但就仔细思考而言，远远不够。这个练习的重点便在于此，填写视觉解码器时，速度就是你的朋友。

4. 你画完后，我会告诉你下一步。不过，现在，只需让你的视觉大脑完成它的本职工作：把想到的东西画出来。

我的第一个板块：标题——在线会议魔法

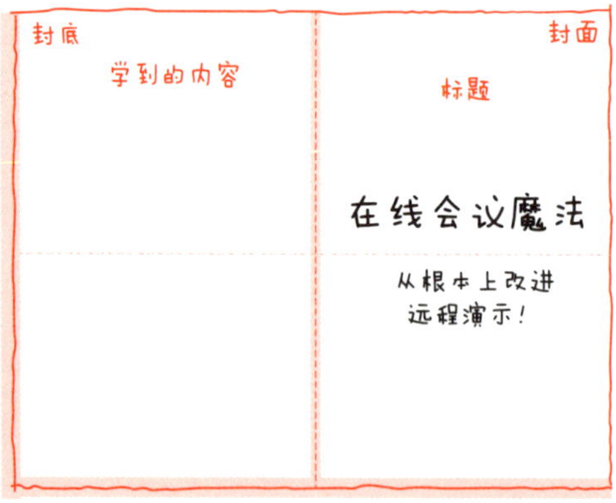

我制作视觉解码器的第一步是写下商业演讲的标题。

我来快速讲一下相关的背景故事。我以前做过很多次演讲，比如在曼谷的那次。我在这个领域做得很好，很多公司反复邀请我去。我到访过很多地方，接触了许多不同的人，他们来自不同行业和文化，操着不同的语言。一路走来，我学到了很多东西，我知道如何让演讲这件事变得有趣，更重要的是，我知道如何让听众觉得演讲有趣。

不过，有时候人们无法支付我的差旅费，所以十年前我开发了一个在线项目，在网上讲授这些方法。我录制了数百个视频，在此过程中我学会了一套全新的技能，它可以让在线演示变得十分有趣。

因此，当过去几年里在线会议逐渐成为主流时，我已经做好了准备。不过，我发现我的客户、同事和朋友在会议转变为远程时焦头烂额，所以我决定录制一个新的速成课程，分享我积累的经验。

这个课程的名称为“在线会议魔法：从根本上改进远程演示！”，我想用视觉解码器分享它的内容。

因此，视觉解码器的标题为“在线会议魔法”。

你的第一个板块：标题是什么？
现在开始计时，两分钟。

用几个字为你想要探索和分享的故事起个名字。你需要做的就是简要描述你要做的演讲，你要卖的是什么东西，你想要加薪这个事实，或是你想鼓励家人养成什么新的习惯。

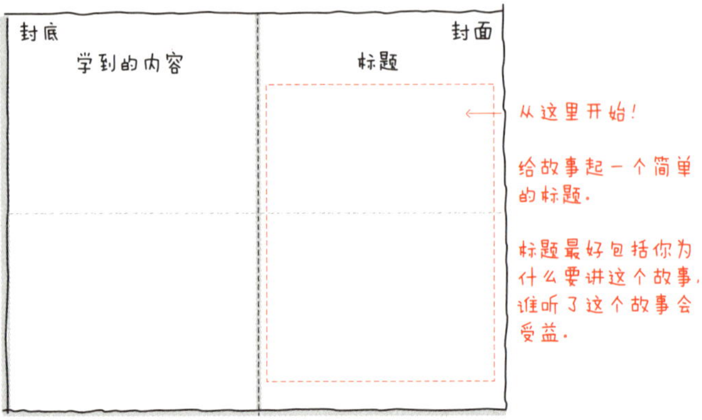

标题没有对错之分。你现在是唯一的听众，所以不用担心标题起得是否巧妙，是否全面，是否超级清晰。标题只要能给你一个努力的方向，就足够了。

充分利用这两分钟。如果你还有剩余的时间，可以在标题旁边说明一下，你为什么要讲这个故事，谁听了这个故事会受益。

完成后，放下笔，翻开视觉解码器，进到内页。重新设置计时器。

我的第二个板块：人 + 物

长期以来的经验告诉我，当开始构思故事时，最顺畅的方法是先确定主要人物，把他们画出来，写上名字。想想切莱斯特画哈利·波特的时候，她先画了一个圆圈，然后写上名字，这是她想到的第一个人。当你想到故事里的主要人物时，画上眼睛、嘴巴，也许再就像切莱斯特给《哈利·波特》做视觉解码器时一样，我也先画出了我的商业理念中最重要的元素：“人+物”。

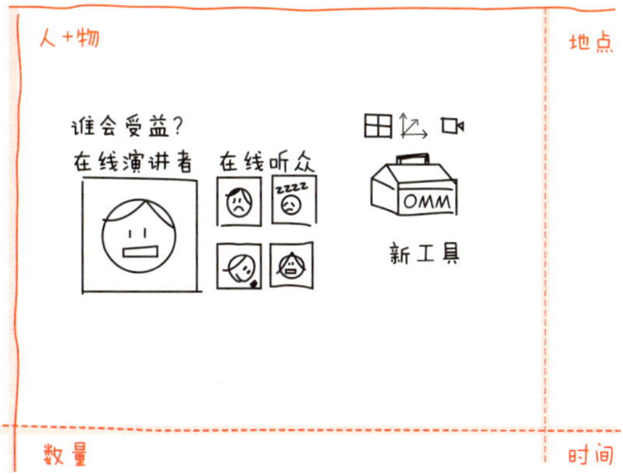

画些头发，只用 10 秒钟就可以完成，你只要知道这个人是谁就足够了。有时候，你想到的第一个人可能是自己。这完全没有问题，你故事的主角经常会是你自己。

我是这样做的：在“人 + 物”这个板块，我先画了一个我，一个作为在线演讲者的焦头烂额的我。此外，这个头像还代表了我现在认识的大多数人。（在这个例子中，一个角色既代表了我，也代表了潜在的听众，这有点儿意思。）接下来，我画了四种典型的在线听众：一个无聊至极，一个昏昏欲睡，一个在玩手机，还有一个充满焦虑。这几幅图代表了当今饱受在线会议之苦的人。这些人很重要，因为我觉得他们可以从我的新产品中受益。

我还有一分钟的时间，于是我问自己，除了人，有没有什么“东西”在我的故事中起着关键作用？我画了一个小工具箱，上面标有“OMM”（“Online Meeting Magic”的首字母缩略词），即“在线会议魔法”。这就是我的产品，是我想鼓励故事中的主要人物使用的东西。

这个板块就画好了，两分钟也到了。

你的第二个板块：人＋物

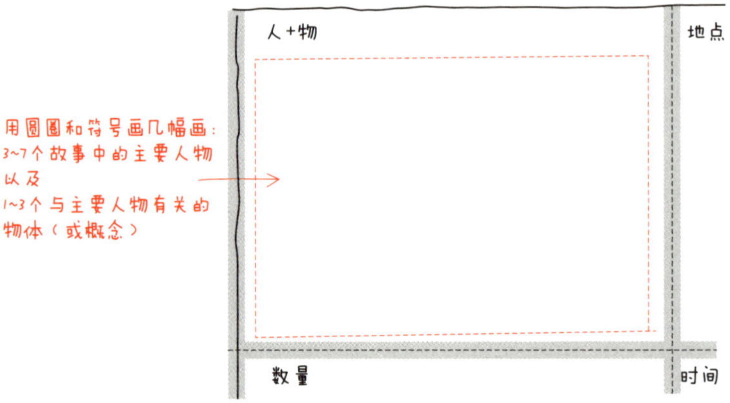

在“人＋物”板块中，你要画出故事中的三四个或更多的主要人物，可能包括你自己、目标受众、最容易受到你的观念影响的人，甚或那些正因某个问题而难过的人。

你可以一个个列出他们的名字（海格！我！），也可以一组组列出（有胡子的巫师！技术销售团队！）。尽可能具体化，画画时尽量加上一个细节或特征，能够说明这是特定的某个人或某个群体。（简单画顶帽子就是很好的选择。）画画的时候，人物可以画在板块上的任何地方；不用担心他们之间的关系、影响或重叠度。现在，尽可能多地画出圆圈和名字即可。

在最后的 30 秒，画一个图标、符号或形状，代表所有这些人的一两个共同点、所有人都想要的东西或是所有的人可能都会从中受益的东西。它可以是任何东西，比如金钱、爱情、幸福、汽车，还有你的产品。但不管这个东西具体是什么，它都应该在你的故事中发挥一定的作用。

完成后，放下笔，重新设置计时器。

我的第三个板块：地点

接下来，我画了一个简单的导图，表明我新开发的这款商业工具会在哪里为我的潜在客户增加价值。

在这个板块中，你将在之前画好的“人 + 物”板块的基础上，说明这些人和物的位置、关系和重叠部分。因此，你要快速画一张小小的导图。

在我所画的导图中，我画出了 OMM 工具会在哪些方面改善在线演讲者和听众的生活。为此，我重画了一遍之前那个焦头烂额的在线演讲者，现在他正开心地坐在笔记本电脑前。我把 OMM 工具画在演讲者和笔记本之间，以此表明 OMM 工具中包含有用的模板，演讲者在会议开始前在计算机上准备时就可以使用。

然后，我在右边又画了一遍那四个在线听众。不过，他们现在的表情很快乐，很投入。他们为什么变得快乐而投入了呢？这是个好问题，正如你在导图上所看到的，OMM 工具在演讲过程中也会发挥作用。

到此，我就画完了。在两分钟的时间里，我展示了故事中人物的彼此关系，还有 OMM 工具与他们的生活出现重叠的两个地方，他们也因此变得更加快乐。

现在，轮到你了。

你的第三个板块：地点

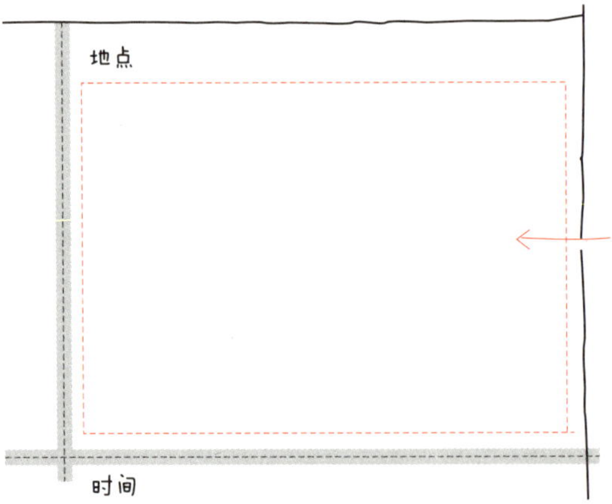

用矩形、圆圈和箭头画一张包括下列信息的导图：

主要行动发生的地方

或者
人和物在概念上重叠的地方

现在，你已经知道了故事中的人和物，是时候把他们放到合适的位置上了。这就到了导图发挥作用的时刻了。在前一个板块，你关注的只是名字和物体。在这个板块，你将在此基础上转向位置、关系和重叠部分。(我们在第 54 页的视觉魔方练习中讨论过视觉通路，其中所考虑的空间问题就是现在这个板块所要解决的问题。)

你可以尝试不同形式的导图。比如，你可以用维恩图的相交圆圈表示重叠关系，可以像切莱斯特那样画一张地图，也可以像我一样画一张概念流程图。因为这是你第一次画导图，我建议你画得简单点儿。你可以画几个相交的圆圈，用箭头连接，然后在适当的区域加上人物。

随着你画的视觉解码器越来越多，你的脑海里会浮现出更多形式的导图。随着不断进步，你甚至可以画两张导图：一张是变化之前的，画出目前人与物之间的脱节状态，另一张是变化之后的，画出他们被重新安置到更周到、更有效或更舒适的位置之后的状态。

完成后，放下笔，重新设置计时器。

我的第四个板块：数量

在“数量”这个板块，你的重点将从地点转为数字，就好像开车突然变速一样，这是因为你正将故事从位置视觉处理中心转移到计数中心。你的心里可能会感到轻微的震撼，但这种变化是好的，它会将一种崭新而重要的思维方式“啪”的一下嵌入你的故事。

我快速画了一张图表，目的是用量化的方式表明我新开发的商业工具会如何改善成果。

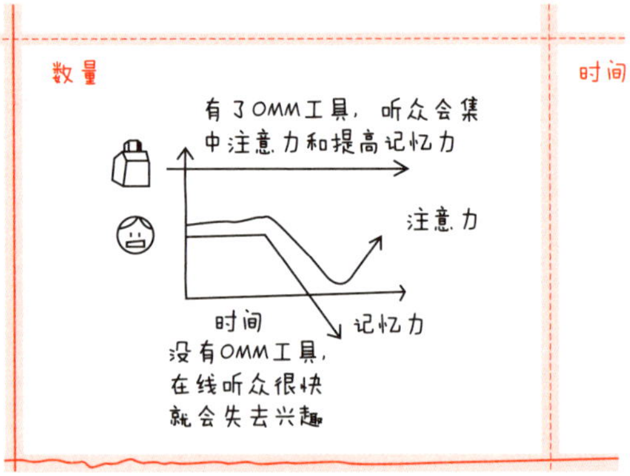

我在前一个板块画的听众更快乐，更投入，现在我想表现出他们的变化程度。我用可视化的简单图表对其进行量化，采用这种方法的人将会清楚地看到这样做的结果。

我是这样做的，我画了一个简单的图表，横轴是“时间”，纵轴是“故事中的人物”。接下来，我从左到右画了两条线，分别标注为“注意力”和“记忆力”。这两条线表明，就一般的在线会议而言，时间越长，人们的注意力就越不集中，记住的东西也越少。

在这两条线的上方，我又画了一条标有“OMM”的线。这条线与其他两条有所不同，它从左到右都是平的，说明 OMM 工具有助于听众在整个会议过程中集中注意力。这就是“在线会议魔法”的真正价值，它可以显著提高在线听众对会议和演讲的参与度。

现在，轮到你了。

你的第四个板块：数量

使用线条、形状、箭头和数字，画一两张图表，说明以下问题：

如何量化故事的关键要素？

随着故事的展开，会出现哪些重要的数字和指标？

你的故事里有没有什么重要的东西，可以用一个简单的图表表示出它的意义？你能不能用量化的方式表示出原来的做事方式和你所提议的新方式之间有何改进？想一想有所提高的地方，比如钱更多了、时间更多了、客户更多了、更安全了、更轻松了、更舒适了。这些指标很有用，而且都是上升的。如果用图表的形式表示，会很有趣，所有的箭头都是朝上的——人们喜欢看向上的箭头。

那么，有没有什么东西变少了呢？能不能也进行量化呢？当然能，有很多可能性，比如摩擦减少了、时间减少了、成本减少了、痛苦减少了、困惑减少了。量化这些指标，并用画图的方式展现，也很有意思。这次，箭头是向下的。

当你在“数量”这个板块画画时，你可以把上升和下降的指标结合起来。在你的故事中，有没有什么方面明显得到了改善，有没有什么方面降到了最低？一个箭头上升，而另一个箭头下降，会引发一系列新的耐人寻味的故事元素。

当勾画图表时，想想有哪些选择：柱状图、饼状图、起伏的走势图。这个板块会帮你打开你的计数大脑，把数字作为重要角色添加进故事中。你想到了什么？

花两分钟的时间画画，时间到了之后，请放下笔。我们还剩两个板块。

我的第五个板块：时间

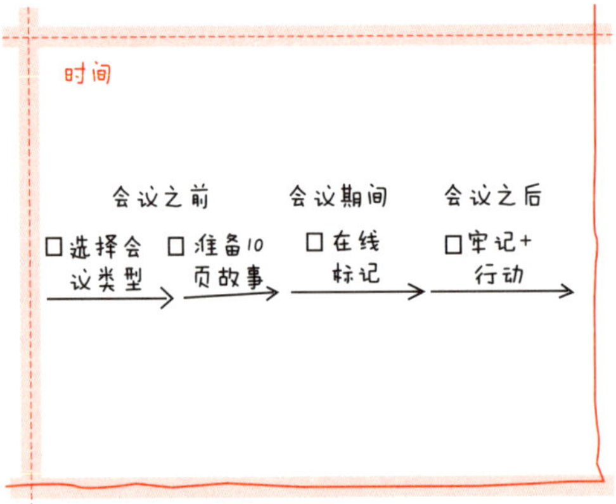

我在“时间”板块画了一个简单的时间线，说明我开发的工具在不同阶段对商业人士会有何帮助。

第五个是“时间”板块。在这个板块，你要把所有元素串在一起，用一个简单的时间轴勾勒出故事的基本情节。这幅图很有趣，也很容易画。你已经确定了所有的元素，现在只需要把它们按顺序连在一起，坐观故事的发展：谁对谁做了什么，后来发生了什么，这对原来的人物有什么影响，等等。

就我的关于 OMM 工具的这个例子而言，我想展示的是演讲者全面使用在线工具时的情景，所以我画了一条时间线，由三大步骤组成，对任何演讲者来说，这些步骤他们都非常熟悉：在会议之前做什么、在会议期间做什么、在会议之后做什么。

在这三个时间段的下方，我画出了 OMM 工具在每一步发挥的作用。对演讲者而言，选择会议类型和完成 10 页讲稿有助于做好准备，在线标记有助于演讲时吸引听众的注意力，听众牢记的信息有助于推动他们在会后采取行动。

有了这条简单的时间线，在线会议魔法的开篇故事就大功告成了。

现在，轮到你了。

你的第五个板块：时间

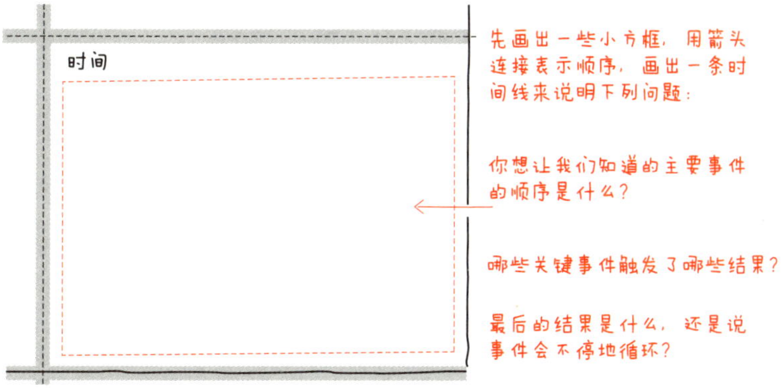

回顾一下之前画好的板块，你现在已经有了人物，你知道他们的位置和动作，你衡量了他们正在经历的某些变化。剩下的就是画出基本的步骤，说明发生了什么以及接下来会发生什么。

正如我和切莱斯特所做的那样，你也可以画一条基本的时间线，把主要的关键事件用箭头连接起来。这样，从开头到中间部分，再到结尾，就串在了一起。同样，因为你只有两分钟的时间，画画的空间也是有限的，所以你要保持注意力的高度集中。

开始时，你可以想一想你最想分享的主要事件的顺序是什么，哪些关键事件触发了哪些重要的结果，以及结局如何。看看你是否能用五到七步总结出来。一般来说，五到七步足以讲述一个故事。而且，你画画的时间是有意缩短的，对两分钟而言，五到七步也很合理。

准备好后，按下计时器，开始画你的故事。

完成后，把解码器翻过来，到了最后的封底部分。

我的第六个板块：学到的内容

我们讲故事都是有目的的。无论是切莱斯特的《哈利·波特》，还是我推销产品的故事，抑或是你要求加薪的说辞，讲述者都是要分享一些有意义的内容。切莱斯特的故事想告诉人们，好人联合起来可以打败恶魔。我的故事想说，更好的计划可以带来更好的演讲。你的故事想说，如果提高薪资，你的工作会更有效率，为公司最后，我画出了我希望别人听了我的商业演讲后可以记住的东西，我的视觉解码器到此就完成了。

做出更大的贡献。任何故事都有一个寓意。

然而，在组织会议或进行演讲时，我们往往不知道要传递的真正信息，这就是大多数会议失败的原因。提高演讲水平最简单的方法就是在开口说话之前了解你要传达的核心内容。视觉解码器在12 分钟的时间里，为你提供了一个找到核心内容的简单方法。

我已经为“在线会议魔法”画了五个板块，现在我知道我想分享的核心内容了，它真的很简单：你如果要做在线演讲，使用OMM 工具，就会使听众更快乐、更投入。

你猜怎么着？我前面画好的板块可以证明这一点。

我的视觉解码器已经做好了，现在轮到你了。

你的第六个板块：学到的内容

每个故事都有一定的寓意，你的故事的寓意是什么呢？

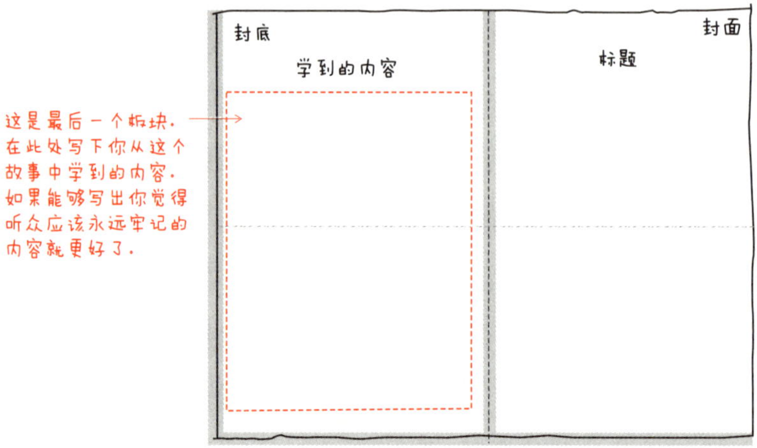

现在，再快速浏览一下之前画好的图。在所有这些图中，包括人物，他们的位置、数量、互动，还有互动的结果，你觉得你最想记住的东西是什么？

现在，想象一下，你要与别人分享你的视觉解码器。他们最需要记住的是什么呢？

这是最后一个两分钟了，启动计时器。画出或写出学到的内容。它已经存在于你的大脑了，你马上就可以完成它。

大功告成！

到此，你的第一个视觉解码器就完成了。在短短的 12 分钟内，你的视觉大脑开始运转——我敢打赌，你肯定对自己的想法有了新的发现。你的大脑已经预热完毕，你的故事正迫不及待地等着你去

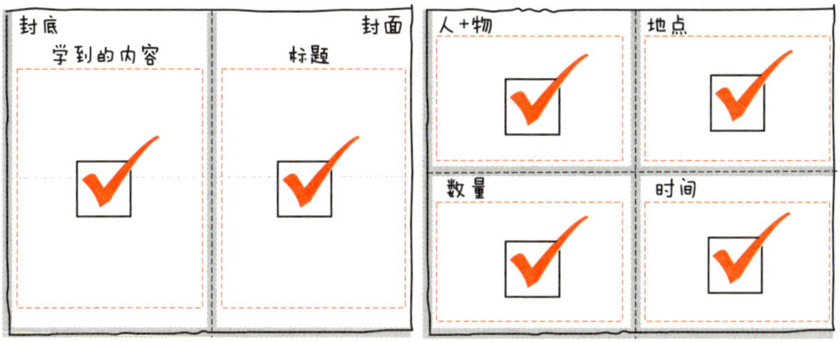

讲述。此外，所有的重要部分都已经按顺序排好，你的讲述会因此更为顺畅。

不过，在动笔写稿之前，你还有一件事要做。那就是分享。

展示与讲述：让图画说话

拿起你的视觉解码器，浏览一遍，你会看到自己的视觉大脑是如何运作的。它用一种简单而清晰的方式验证了你已经知道的东西。现在，为了让你和你的故事合为一体，找个信任的人讲一遍。用视觉解码器作为指导，按顺序把你画的画描述一遍，慢慢展开你的想法。

这个过程用不了 5 分钟。按顺序指着一幅幅图画，用几句话解释一下自己所画的内容。我敢保证，你会发现你的故事很流畅，你不会忘记任何重要的元素，听众会紧紧跟随着你，最重要的是，他们不会感到厌烦。

这种方法之所以如此有效，是因为视觉解码器引导你创造了一个可视化的故事，它与人类视觉系统感知世界的方式完全一致。这的确很神奇，而你每次创建视觉解码器时，这种神奇都会再现。

你可以借此机会看到并听到你一直想讲述的初始问题的核心。在讲述的过程中，注意有没有哪些特定的图像、词语和时刻吸引了你的注意力。在视觉解码器上将它们圈出。然后问问同事，他们对你的故事有什么看法。这个故事讲得通吗？听上去感觉真实吗？它是否阐明了你想要解决的问题？如果这些问题的答案大多是肯定的，那么你可以继续阅读下一章了。

如果答案大多是否定的，看看是不是遗漏了什么，有没有哪个地方令人困惑或让人感觉不对。回到视觉解码器上，进行补充或修改。添加一个人或物会不会有所帮助？能不能在导图上多画一些细节？有没有其他数据可以证明方法的有效性？这个时候给图画增添元素真的很容易，所以尽管放手去做。

不过，一定不要在这一步陷入无休止的编辑和微调。快速演讲的目标就是测试你的想法，它就像“最小可行产品”一样。如果你的第一个听众能够看懂你的视觉解码器，并且说“画得不错，我能明白你的意思”，你就可以停笔，把视觉解码器放下，这一步就算完成了。

恭喜你，你的第一个小时已经圆满结束，是时候休息一下了。

第五章 >> CHAPTER 5

中场休息：沉淀一下

本章篇幅很短，主要目的是让你快速反思一下。你在创造视觉解码器的过程中消耗了大量的视觉能量，现在需要呼吸一些新鲜空气，让事情沉淀一下。在接下来的几分钟里，我会带你到我最喜欢的地方散散步，再给你讲个故事，让你的视觉大脑休息一下。通过这个故事，你会知道我们接下来要做什么，你还会知道你刚刚花一个小时画的画将如何为接下来一个小时的写作奠定基础。

如果你把快速演讲想象成一顿佳肴，那么你刚刚去商店购置了所有的原料，现在该在生火做饭之前把原料腌制一下。

湖边散步

我旧金山的老房子附近有一潭湖水。这片湖泊面积不大，景色迷人，从水中可以看到艺术宫的倒影。旧金山艺术宫有一百多年的

历史，最初是为了庆祝城市从1906年大地震中恢复过来而建的。在旧金山所有的景点当中，这片湖是风景最为秀丽的一处，周末有很多游客在此拍照。

不过，周一到周五的清晨，这里很少有人光顾，湖边的小径宁静幽然。多年来，我在去办公室之前，总会带着狗去湖边走走（第三章遛狗的例子的灵感便来源于此）。

每天早晨，我叫醒女儿起床上学后会去散步，散完步再开启一天的工作。这15分钟的散步之旅会把我过去一天的记忆与当天可能出现的奇遇联系起来。散步既是为了反思，也是为了做好准备。它可以说是清晨的一剂良药。

现在，请你回忆一次散步，一个你最喜欢的地方，一个你可以和我一样感到平静、陷入深思的地方。就像我散步的湖边一样，你也想象一个你可以漫步冥想的地方。

如果你准备好了，那就让我们边走边谈吧。我为你准备了一个故事，它分为 10 步，总结了你上一章完成的事情和接下来要做的事情。我们先通过图画来看看这个故事，然后我会用文字讲给你听。

这就是故事的图画版，共有10步，供君预览。

下面是文字版：

1. 你有一个很好的创意。

先快速回想一下你的视觉解码器。这么短的时间就能画出这么多东西，你是不是觉得很神奇？这提醒我们，我们的大脑中有很多绝妙的想法，而画画可以帮助我们在某段时间内集中精力深入思考其中的一个想法。

2. 这个创意巧妙绝伦，值得与人分享。

现在，你已经开始拆解这个创意，我希望你可以看到各种元素流动起来，形成有趣的东西。你的创意巧妙绝伦，值得让更多的人看到。

3. 但它现在还有点儿乱。

你的视觉解码器里现在有很多东西，但还不成熟。就这个创意而言，你比以往任何时候都更了然于心。你把所有的深刻见解都画了出来，包括人物、事件、地点、数量和顺序，重要的元素和角度已经浮现出来，但还没有达到可以与人分享的程度。

4. 不过，如果大家能够“听懂”，那么他们会很喜欢这个创意的。

如果其他人能像你一样，以同样的注意力和深度来看待这个创意，那么可以肯定，他们会被你的想法吸引，也许会心悦诚服地接受你的想法，或者至少愿意花时间尝试。

5. 但是，它目前这个样子，人们恐怕难以接受。

但是，问题在于，你的目标受众很忙，而且满脑子都是自己的想法。他们想的事情已经很多了，所以现在很难让他们关注你的创意。虽然你已经搜集好了精彩演讲所需的所有元素，但对其他人来说，它还很粗糙，仿佛一个半成品。

6. 如果你可以把它包装成一段精彩的故事，会怎么样呢？

如果你想把你的创意变成人们喜欢的演讲，那么你需要包装一下它。一般情况下，需要创建一个含有项目符号的报告、一份商业计划书，或是一个幻灯片。不过，你的创意并不一般，需要更好的包装。几千年来，有创造力和影响力的人都知道，说服人的最好方式就是讲故事。为什么不把你的创意编织成一个精彩的故事讲给人听呢？

7. 这种方法有人用过，模板众所周知。

讲故事的历史由来已久。神话、电影、演讲、小说、围炉夜话、布道、推销，讲故事的方法多种多样，很多已经被编成了结构清晰的模板。不过，我不希望你把宝贵的时间浪费在寻找故事的模板上。我会为你提供一个，这个模板经过了历史的验证，在每次需要快速说服别人时，你都可以利用它来赢得听众的支持。

8. 把它设计成一段旅程，有情绪的高低起伏。

你看那些影响最深的故事，那些经久流传的故事，它们的形式都很类似。故事的中心思想会被设计成一段旅程，而这个旅程总是有开头、中间部分和结尾。为了增加旅程的吸引力，一路上我们会有意地让“旅客”的情绪有高低起伏。这个公式我们并不陌生，它经过了时间的检验，仿佛已经根植于我们所有人的 DNA 中。

9. 用这个模板讲出的故事既清晰，又有意思。

当你开始将你的创意包装成故事时，故事就会自然而然地展开。你预先设想的创意会迅速成为焦点，开花结果，而且你还可以享受创作的乐趣。当你把视觉解码器中的图画转化为故事时，人物、情节、命运的转折和经验教训就会变得鲜活起来。

10. 听的人会认真倾听，而且会牢记在心。

有一句俗语是说作家的，“如果你享受写的过程，读者就会享受读的过程”。如果你愿意花上一点点时间把你的创意设计成一段旅程，那么听众会很乐意花时间去理解它。他们可能会永远牢记你的创意，永远与之为伴，并在余生中不断与人分享。

现在，本书的第二部分即将展开，你要开始创造这段旅程了。剩下的唯一一个问题是，你将使用哪个模板？历史早已给了我们答案，我都等不及要告诉你了。

感谢这次美妙的散步。万事俱备，是时候开始生火做饭了。

HOUR 2

第二个小时

准备10页讲稿

10页讲稿

正面说服的路线图

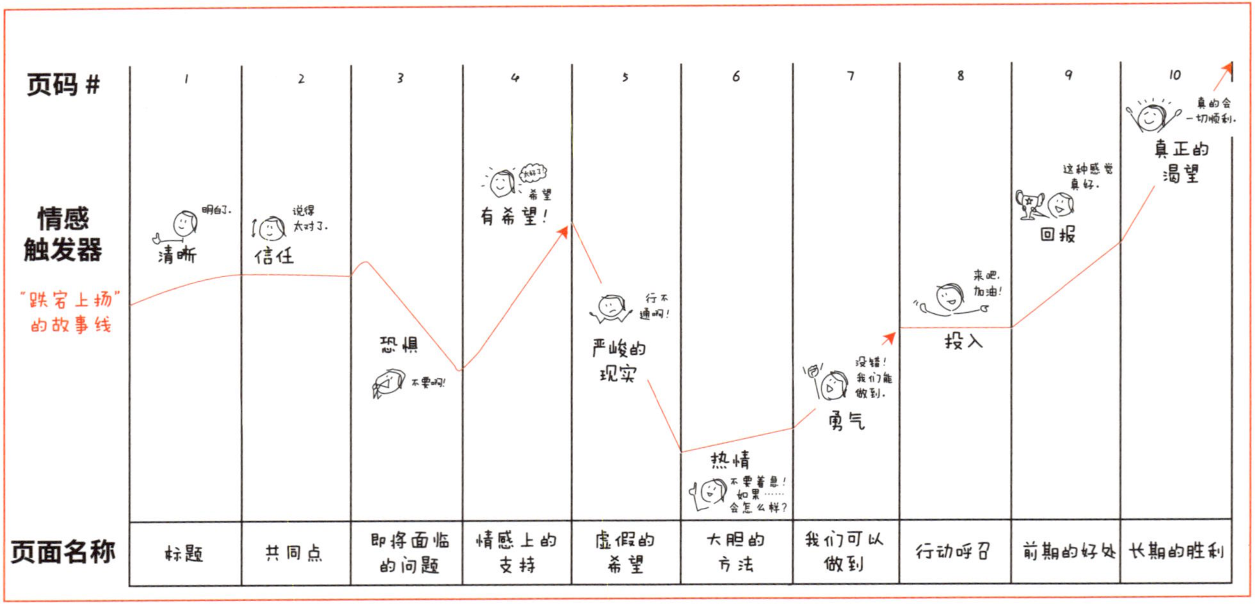

这就是10页讲稿的模板。在接下来的一个小时里，你将一页一页填上内容，讲述自己的故事。

第六章　　　　>> CHAPTER 6

10页讲稿上场，讲故事的时间到了

在本章，你要转换思维，从视觉头脑风暴转为口头讲述情节紧凑的故事。开始之前，我有三个好消息要与你分享。

1. 有一个简单的“终极故事模板”，你可以将其作为首选的说服工具。就像每次填写表格或提交报告时无须新建模板一样，当你想做一次有说服力的演讲时，不需要创建新的模板，我们已经有这个模板了。

2. 我会告诉你这个通用的故事模板源自哪里，还会从情感、认知和结构的角度解释这个故事能在正面说服中起作用的原因。

3. 我会向你展示，按照这个模板的步骤，你会创造出一生中最有创意、最具原创性、最有说服力的演讲。过程真的很简单。

这条独特的故事线将成为你演讲的基础。在揭秘这条故事线之前，我想先介绍一下它的来源，这样你就可以从中找到这个故事之所以有效的原因。

多年来，我不断地聆听和发表商业演讲，总共有成百上千次了。其中有不少振奋人心的演讲给我留下了深刻的印象，有一些激励我立即采取了行动，还有少数绝佳的演讲一直与我为伴。不过，其中大多数演讲，包括我自己的一些演讲，都是过眼云烟。于是，我做了笔记，大量的笔记，我真的想弄清楚哪些内容有效果，哪些内容毫无作用。

我从一千多场演讲中学到的最重要的一点是：如果你想让人们集中精力，特别是如果你想让人们采取行动，那么你需要做的就是讲一个故事。

但是，讲哪种故事呢？

四种经典的故事

四种基本的故事模式

我发现，人类历史上虽然有无数的故事，但故事的结构却屈指可数，这一点既令人着迷，也让我觉得踏实。多年来，通过阅读、聆听和观察，通过研究文字之下的故事结构，我发现几乎所有的故事都遵循四种基本模式中的一种：要么什么都没发生，要么主人公挣扎后死去，要么主人公挣扎后胜利，要么一切都乱成一团麻。让我一一解释给你听。

为了弄清楚你听到的每个故事，了解它们的独特之处，你可以用从左到右的一条线来表示，发生了好事时线条上扬，发生了坏事时线条下滑。

按照这个方式，四种基本的故事模型可以分别用四条线来表示：第一条波澜不惊，第二条跌宕一段时间后向下弯曲，第三条跌宕一段时间后向上扬起，第四条像过山车一样混乱不堪。

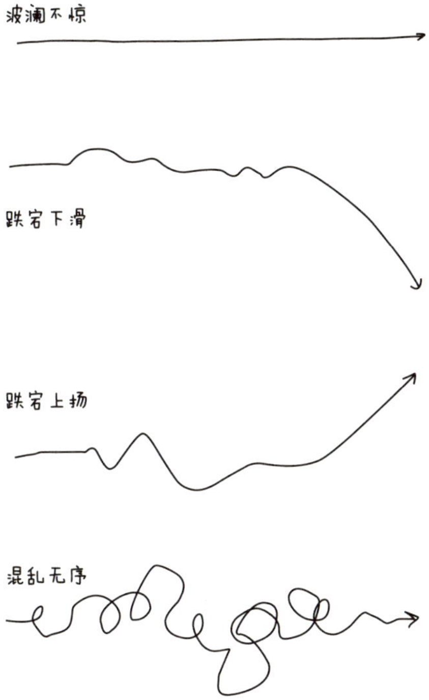

四种基本的故事线：波澜不惊、跌宕下滑、跌宕上扬、混乱无序。

波澜不惊的故事

第一种故事就像一片广袤的沙漠，从头到尾都没有情感上的起伏。好像发生了什么事，但事实上什么都没有发生。它就好似流水账一般的暑假报告、一个祖父一直在削土豆皮的个人逸事，或一份老套的季度报告。可悲的是，这段旅程太过无聊，没有人关心究竟发生了什么。想说服别人的时候，你肯定不想讲这种故事。

跌宕下滑的故事

第二种故事开始时平淡无奇，接下来会跌宕起伏，随之情况急转直下，以悲剧告终。

我们把这种故事称为“跌宕下滑的故事”。这是一段吸引人眼球的旅程，也是一次可怕的旅行，就像无人幸免的火车失事一样。莎士比亚笔下的所有悲剧都是如此，在一片远处的尘土中结束的公路片亦如此，那些让我们感叹“至少我们会永远铭记”的虐心经历也是一样。你如果想唤起泪水、焦虑和内疚，就要讲这种故事。但你如果想积极地说服别人，这可不是打开大门的钥匙。

跌宕上扬的故事

第三种故事开始时平淡无奇，接下来也会跌宕起伏，但随后会奇迹般地好转，圆满地画上一个句号。我们把这种故事称为“跌宕上扬的故事”。这段旅程十分令人兴奋，其中的起起伏伏会吸引人们的注意力，将无聊一扫而空。另外，它的结局很美好，听众听后会精力充沛，自信满满。大多数神话、电影大片和那些让你行动起来的小说讲的都是这种故事。这种故事会在听者心中种下一个坚定的信念：一切皆有可能。

过山车般混乱无序的故事

最后这种故事混乱不堪。开始时就乱成一团，接下来是令人晕头转向的跌宕起伏，还有意想不到的循环和大转折，最后的结局仿佛回到了原点。发生的一切让人们感到头晕目眩。卡夫卡、达达主义和超现实主义使用的就是这种方式。虽然这些故事远观尚可，但它们通常会让听众有一种幻灭感或晕车的感觉，这种方法无法说服任何人做任何事情，只会让他们缩在沙发上直到故事结束。

金发姑娘与四种故事

在《金发姑娘和三只熊》这则经典的童话故事中，女主角在被三只愤怒的熊赶出镇子前发现，一碗粥太热，一碗粥太冷，只有一碗粥温度刚刚好。我们的故事线也是如此，当涉及说服时，一种故事太无聊，一种故事太悲伤，一种故事太疯狂，只有一种恰到好处。

其他的故事你可能也有机会讲，但就想要说服别人的演讲而言，你根本没有选择的余地，跌宕上扬的故事是最理想的选择。这种旅程妙趣横生，结局积极向上，听众会因此想要采取你所建议的行动。

本书剩下的部分，我将要告诉你这种故事之所以成功的原因，顺便帮你用这种令人难忘的方式将你的观点包装好。

不过，先让我再讲一个故事。

另类的英雄之旅

很久以前，美国的一个农场上住着一个小男孩，那里离城市很远。像许多孩子一样，他有些迷茫，但很喜欢读漫画书、在电视上看《超人》，还经常画画，特别是汽车。他觉得做这些事情很快乐。当他长大可以开车时，他买了一辆体型小巧的运动版菲亚特。他以最快的速度开着它到处跑。飙车时的自由让他的生活有了一种方向感。

有一天，他撞车了。当时，他被困在冒着烟的汽车残骸中，心脏几乎停止，命悬一线。

幸好，路人把他送到了医院，医生竭尽全力把他救了过来。在父母的帮助下，他逐渐康复。那次车祸后，他觉得每一天都是上天赐给他的礼物。在这些额外得到的日子里，他开始注意到，齐心协力的人要比相互对抗的人表现得更好，而且更加快乐。随着时间的推移，他越来越清楚他想把这个故事讲给别人听。

上大学时，他读到一本有关人类学的书。这本书的作者非常擅长经典的讲故事方法，他传递了一条关键的信息：你如果追寻幸福，就会发现你应该过的生活就是你现在的生活。经历过车祸的他认为“找到幸福”听起来是个很好的计划，于是他买了一部相机，开始了拍照生涯。不久，幸福找上了门。他的照片拍得很好，因此得到了一份摄影师的工作。他决定将此作为自己的职业。不过，他没有选择拍摄静物，而是选择了拍电影。

这个大男孩上了电影学校，喜欢上了和电影有关的一切。他开始制作电影……但遇到了一个问题。他想制作正能量的电影，讲述人们齐心协力做成大事的故事。不过，当时国家的形势不好，电影公司认为成年人只想看愤世嫉俗和悲观的电影。

于是，他做了一个决定，他要给孩子们拍电影。更确切地说，他要为记忆中那个曾是孩子的自己拍电影，那个在大千世界寻找方向的12岁时的自己。他在创作这个故事时，想起了大学时读过的那本人类学的书。

那本书的作者谈到，世界各地的很多神话都有一条类似的故事线，人类历史上不同的文化都用这种故事分享人生中最重要的经验教训。那个大男孩在创作剧本时重温了这本书，并将作者提出的模板作为电影的基础。他的这部电影讲述了一个情节跌宕、结局圆满的故事，讲述了一群不像英雄的各色人士联手拯救宇宙的故事。历史将会证明，讲述“跌宕上扬的故事”是一个明智的决定。

这里所说的男孩就是乔治·卢卡斯，电影是《星球大战》（有史以来最成功的系列电影），书是约瑟夫·坎贝尔的《千面英雄》（这本书指出，世界上最经久不衰的神话都有一条类似的故事线），故事的模板是坎贝尔的单一神话原型，又被称为“英雄之旅”。卢卡斯、坎贝尔和英雄之旅一起重新定义了今天讲故事的方式。

自从《星球大战》开创电影新纪元以来，几十年里，英雄之旅已经成为优秀故事和大片的首选结构。《哈利·波特》（你是对的，切莱斯特！）、《饥饿游戏》、漫威的漫画、《黑客帝国》、《神奇女侠》，它们的结构几乎都是一样的。为什么呢？因为英雄之旅所采取的跌宕上扬的故事模板不仅会大卖，还会迫使人们采取行动。好莱坞早就成为世界上最成功的故事工厂，电影也成为美国利润最为丰厚的出口产品之一。原因很简单：如果你讲一个正面且有说服力的故事，那么世界各地的人们都会喜欢它，他们愿意花钱一遍又一遍地听你讲这个故事。

想象一下，如果你能把这种力量带到你的演讲中，那会是什么效果。你可以做到的。让我们开始吧。

10页讲稿简介

现在，让我们回到你的身上，谈谈你即将要做的演讲。这一切对你有什么帮助呢？你在创造积极向上的演讲时，需要做的就是遵循这条基本的故事线，在其中加入几处小小的转折。为了便于你的使用，我稍微修改了一下英雄之旅，这个版本更适合商业领域的演讲。为了与时俱进，我在更新的过程中汲取了经典销售心理学和新兴行为经济学的一些见解。

就经典而言，我把戴尔·卡内基有关提升影响力的几条关键法则直接加到了故事线中，我在第二章提到过他。比如当你需要建立共识时，你就可以“以表扬和真诚的欣赏开场”，把它放在你的第一页幻灯片上。在讲解第三页时“激发他人的迫切渴望”。在整个过程中都“把你的想法戏剧化”。

结合新的思维，我在故事线中引入了行为经济学这一新兴科学的主要发现，特别是由诺贝尔经济学奖得主、心理学家丹尼尔·卡尼曼提出的“框架效应”和“启动效应”的概念。（当我们讲到第一、第七和第九页讲稿时，我会详加解释。）最后，我将所有内容简化为一个 10 页的模板。

我把它称为“10 页讲稿”。它会帮助你成为讲故事的能手，理由很简单。

- “10 页讲稿”会为你提供一个清晰、目的明确、直观的方法，帮你逐步构建一个有说服力的故事。你可以很快学会，立刻用纸笔或任何基本的幻灯片软件（比如 PowerPoint 或谷歌幻灯片）开始创作。
- 10 页讲稿不仅十分具体，而且广泛灵活。你一旦知道了基本规则，就可以把它作为基础创造出无数的新故事。
- 10 页讲稿提供了一个模板，通过它你可以很轻易地表达你想表达的内容。比如，由标题和图画组成的幻灯片（使用视觉解码器中已有的图画），把要讲的话转换为文字（非常适合电子邮件或社交媒体），或者大声地把你的故事讲出来。（每种形式，我都会提供具体的例子，你可以看看自己喜欢哪一种。）

10 页讲稿可以吸引听众的注意力，让他们和你产生共鸣：

- 10 页讲稿从直觉上讲会让人觉得很熟悉。故事线是吸引力的源泉，听众在还没有意识到的时候就已经被吸引了。这就像第一次演奏一首歌，而每个人在演奏前就很喜欢这首歌。即使你讲的故事是新的，听众也会觉得仿佛见到了老朋友。

10 页讲稿遵循的就是我们最喜欢的跌宕上扬的故事模式：它从始至终都很有趣，因为我们有意设置了令人回味的情感转折，最后的结论既现实，又鼓舞人心，听众心里会说“没错，我们可以做到”。

故事的终极模板

其实，你在阅读本书的过程中已经看过好几次 10 页讲稿了。比如，曼谷的那次经历、“你的演讲应该大放异彩”那个故事，甚至乔治·卢卡斯的故事，到目前为止，我分享的每一条信息采用的都是同样的模板。（回过头来，再读一遍这些简单的故事，看看其中的规律，你会发现很有意思。）

如果你回想一下我讲的第一个故事，就是关于曼谷银行的那个故事，那么你可能会记起我在笔记本上给坤猜画了一幅图，如下所示。

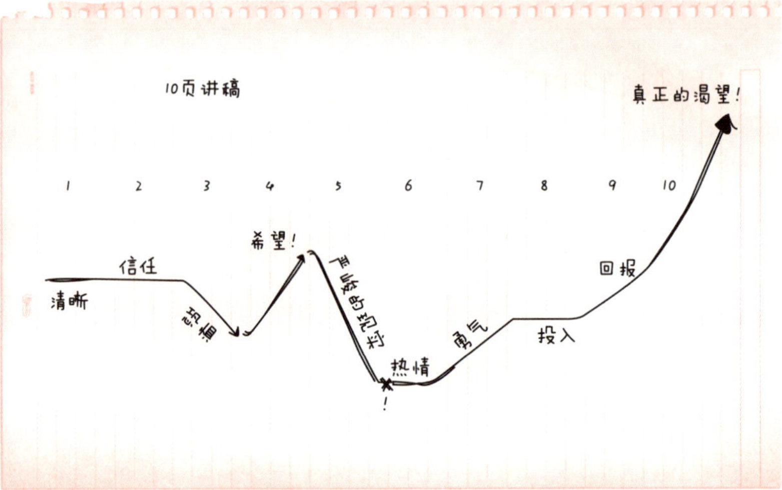

这是我最初在笔记本上画的10页讲稿的脉络，
也是我在本书第一次讲故事时所用的模板。

多年来，我一直在研究这幅图，试图从视觉上捕捉到颇具说服力的英雄之旅的细节。如果你跟随我的脚步，你就可以看到整个旅程符合跌宕上扬的故事线，从开始到结束共分为10步，每一步都会触发一种情感反应。这10步依次是：清晰、信任、恐惧、希望、严峻的现实、热情、勇气、投入、回报、真正的渴望。当故事到达终点时（只需短短七分钟），听众将经历一段乐观的旅程，他们会看到一种新的工作、生活或成长方式。

接下来，我将解释10页讲稿的具体内容，我会以第一章“你即将要做的演讲应该大放异彩”这个故事为例，一步一步地讲解。在本书后面的部分，我将帮助你用这个模板完成你自己的10页讲稿。

10页讲稿

正面说服之路线图

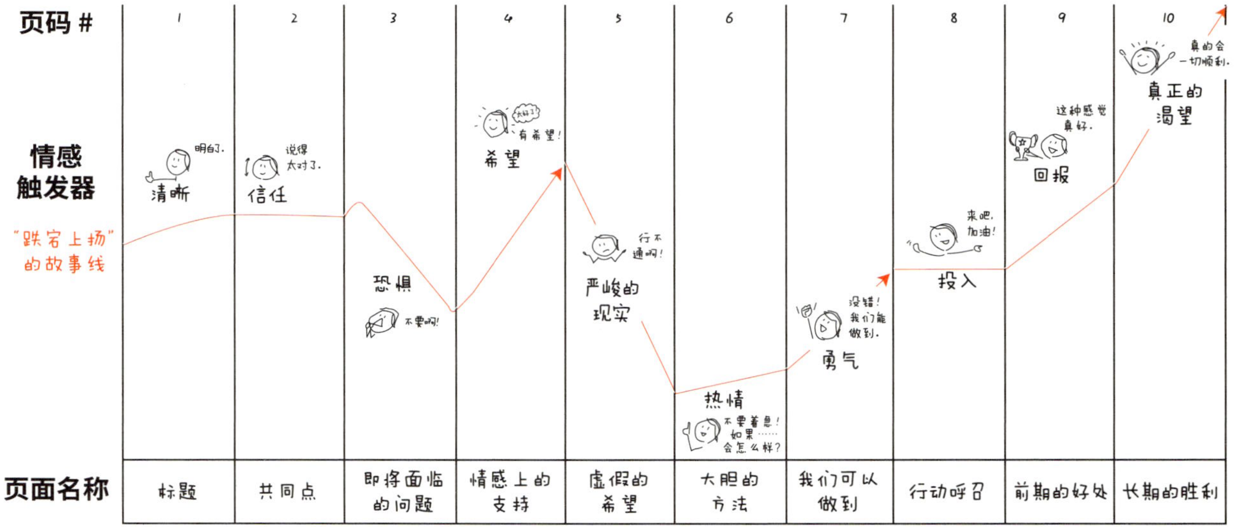

这就是10页讲稿的最终模板，用我们现在已经熟悉的图画和故事线串联起来。这张图中包括页码/幻灯片的编号、具体的情感触发器，以及每张幻灯片的名称。

“你即将要做的演讲应该大放异彩”之 10 页讲稿

早在第一章，我就用 10 页讲稿的模式向你介绍了快速演讲。我下面会将这条故事线逐步分解，以图画加短语的方式进行阐述，每一页都标清了页码。

现在，让我们一页一页来看。

第一页：标题（清晰）

开头，先打好清晰的基调。要想做到这一点，先给故事起一个清晰、简单、直接的标题。它与听众的内心渴望关系越密切，效果就越好。

你即将要做的演讲应该大放异彩。

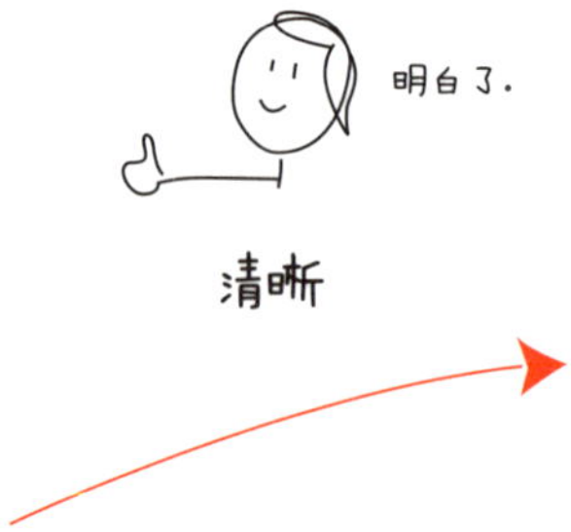

第二页：共同点（信任）

通过建立信任达成共识。你要让听众知道你真的了解他们，真的清楚他们所关心的问题，通过这种方式与他们建立真实的联系。不要摆出高人一等的派头，要显露你的真心。

你下周要做一次演讲，而且是很重要的一次演讲。

第三页：即将面临的问题（恐惧）

现在，你要说明即将面临的无法避免的问题，有意唤起听众的恐惧，陈明具体的情况和事实，可以的话，再加上一些人们看都不敢看的可怕数字。要知道，恐惧往往是人类最强大有力的情感。现在是它发挥作用的时候了。

但是，有个问题，我们每个人都面临太多的演讲。

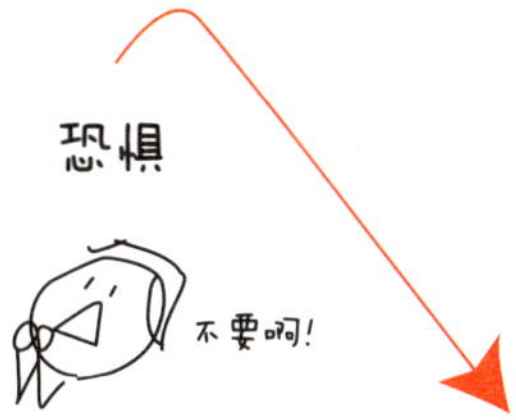

第四页：情感上的支持（希望）

给听众以希望，让他们跳出恐惧。通过情感上的支持点燃希望。描绘一下如果问题已经解决了，恐惧的根源已经消除了，会是什么样子。不要只是告诉听众问题解决以后会是什么样子，要让他们自己去想象。

想象一下，演讲结束时，听众感到自己发生了改变，你会有何感觉。

第五页：虚假的希望（严峻的现实）

接下来，说出严峻的现实，粉碎任何虚假的希望。带领我们走到今天的方法，并不会引领我们到达我们需要到达的终点。自己先承认这一点，然后让听众也认同这一点，我们所期望的简单的解决办法实际上根本不起作用。

如果你在演讲时还是按照老办法，那么这种感觉是不会到来的。

第六页：大胆的方法（热情）

不要着急！如果我们尝试走另外一条路呢？鼓起勇气，大胆尝试。说出那个雄心勃勃、大胆无畏、鼓舞人心的替代方案，它也许有点儿疯狂，但很可能是可行的解决方案，你只要鼓足勇气，潜心投入，就会见到成效。

因为这次演讲很重要，所以如果你大胆一些，会怎么样呢？

第七页：我们可以做到（勇气）

真正的勇气不是盲目地跳入深渊，而是在灵魂深处知道自己确实可以做到。要真心相信这种可能性，带着坚定的信念一步步大胆实践，加上一些关键的细节，证明没有真正令人害怕的理由。其实，当你把大胆的解决方案分解成几步时，你会发现它真的可以实现。

事实证明，有一种演讲方法，可以饱含深情，传递能量，呼召行动，就像听众乐于花钱倾听的故事一样。

第八页：行动呼召（投入）

有了明确的行动呼召，听众就更有可能投入其中，采取行动。列出四五件需要大胆实践的事情。要知道，你不需要一次解决所有问题，也不需要独自一人完成所有事。你可以自己承担两件事情，然后请大家一起完成剩下的事情。行动呼召必须是具体的，是可以实现的，需要大家共同来完成。只有这样，大家才会投入。

现在，就是见证奇迹的时刻了：要完成这次伟大的演讲，你只需要做三件事。

第九页：前期的好处（回报）

说明前期的好处，也就是所有人都会立即受益的地方，把事情敲定。要想让人们长久相信你的想法，最好的办法就是向他们说明早期的胜利，即使很小，也没有关系。明确说明现在行动会触发的至少一两个前期的好处，最好用数据说话。

快速填写几张纸，你会发现你对自己想法的了解已经超乎你的想象。

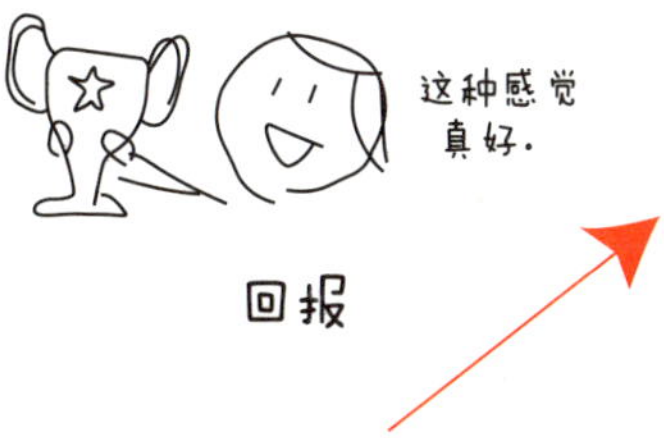

第十页：长期的胜利（真正的渴望）

我们真正渴望的是获得长期的胜利。一旦你分享的这种新方法开始被人们广泛使用，他们就会真正获得巨大的成功。在这里，你要证明乐观主义确实会赢得胜利，即使我们现在还不能完全理解，它也会成为赢家。这是你对长久胜利的呼吁。

从长远来看，你有什么可损失的？更重要的是，你的收获也很大，不是吗？

10 页讲稿小结

这就是完整的 10 页讲稿。如果我们将其编织成一个故事，这十页的内容就是这样的：

(1) 今天是很不错的一天，我们的共同目标很明确。(2) 但挑战即将到来。(3) 我们可以到达彼岸，当我们实现目标时，我们会感觉很好。(4) 但事实上，我们需要一条新的道路。(5) 看起来可能有一条容易的路，但实际上那是一个虚假的希望。(6) 我们真正需要的是一条大胆的路线。(7) 虽然道路很艰难，但我们真的可以做到。(8) 我们要想启动这一路线，就需要做如下这些事情。(9) 这样做有几个前期的好处，会使我们保持专注，受到鼓舞。(10) 由于长期的胜利已经渐渐浮现，我们通过努力所获得的真正好处将超越我们最初的目标。

当开始创作自己的故事时，你会发现整个过程自然流畅，故事几乎是自己出现在纸上的。一旦完成，它就会带领听众踏上跌宕上扬的旅程，吸引他们的注意力，激励他们保持专注。这个积极的、颇具说服力的故事在几分钟内便可讲完。

从故事线到模板

当我第一次把故事线转换成适用于 PPT 的填空式模板时，我画了下面这幅图。这是快速演讲的完整总结，分为十页，按顺序排列，它们可以被划分到好故事必不可少的三个核心组成部分中：开头、中间部分和结尾。

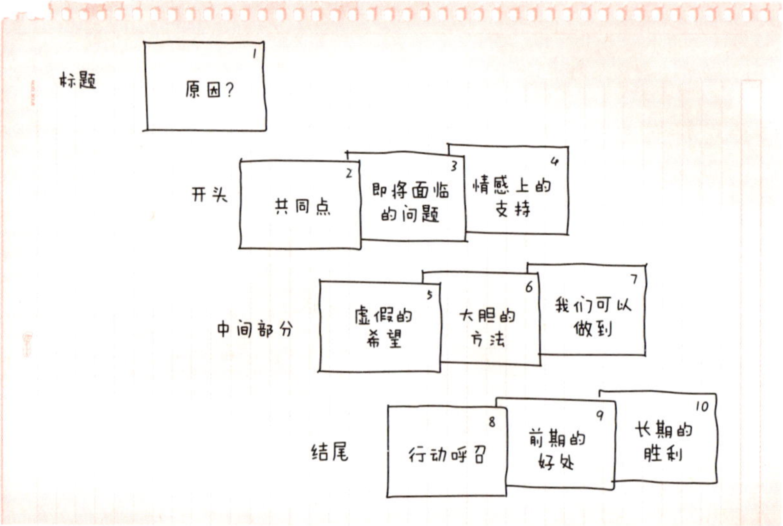

这是我将跌宕上扬的故事线转换为10页填空式的模板时最初的草图。

为了方便使用，我把上图转化为幻灯片的形式，并在十张幻灯片的下面分别标注了填空提示。现在，你要开始创建自己的10页讲稿了，这就是你要填写的模板。你可以拿十张白纸，按照下图做好标注，或者把模板打印出来填写。（你还可以登录10pagepitchwizard.com，使用在线版本。更多细节参见附录。）

10页讲稿的幻灯片模板

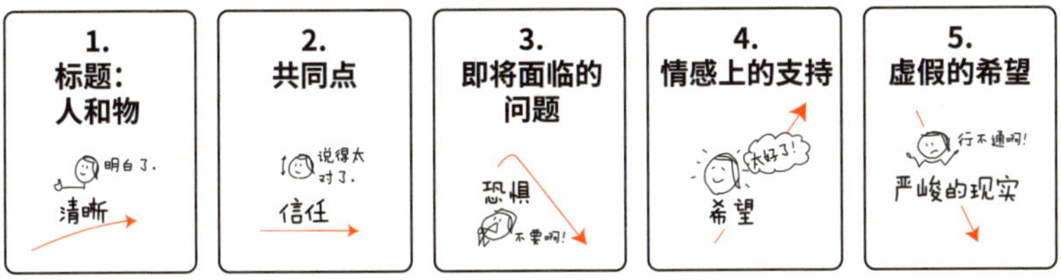

1.标题：给演讲起个包括人和物的标题。（情感 = 清晰）

2.共同点：与听众和他们关心的问题建立真实的联系，向他们展示你真的了解他们。（情感 = 信任）

3.即将面临的问题：说出听众看都不敢看的事实和数据。（情感 = 恐惧）

4.情感上的支持：描绘一下如果问题已经解决，我们会有什么感觉。（情感 = 希望）

5.虚假的希望：承认所期望的简单解决办法实际上根本不起作用。（情感 = 严峻的现实）

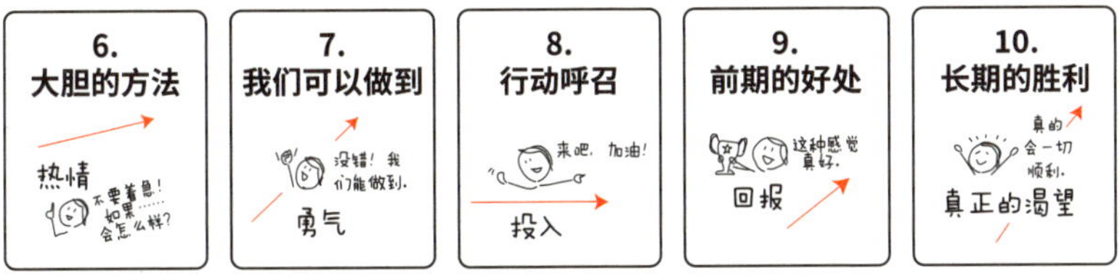

6.大胆的方法：说出那个大胆的替代方案，它也许有点儿疯狂，但很可能是可行的解决方案，我们只要鼓足勇气，潜心投入，就会见到成效。（情感 = 热情）

7.我们可以做到：要真心相信这种可能性，带着坚定的信念一步步演示这一大胆的选择，加上一些关键的细节，证明没有真正令人害怕的理由。（情感 = 勇气）

8.行动呼召：列出五件首先需要完成的事情，大胆行动。自己承担两件，然后请大家一起完成剩余的三件。（情感 = 投入）

9.前期的好处：说明现在行动会触发的至少一两个前期的好处，最好用数据说话。（情感 = 回报）

10.长期的胜利：说明最后会取得的巨大胜利，一旦这种新方法成为常态，我们就会真正获得巨大的成功。（情感 = 真正的渴望）

这就是完整的10页讲稿的最终版。你在填写时，可以拿十张白纸来写，也可以把模板打印出来，或者上网填写。

在接下来的三章中，我将针对每一步做详细的解释，同时列举鼓舞人心且易于学习的例子，进而证明视觉解码器将如何成为你的指南和生动形象的灵感来源。

跌宕上扬的故事：从古到今

在过去的许多年里，我一直在调整 10 页讲稿的模板。纵观历史，到处都能发现这样的故事。从古埃及到神经语言程序学，从印度教的罗摩神到《星球大战》，从大卫王到《复仇者联盟》，这些故事会促使人们采取大胆积极的行动，尤其是在风险很大、结果很重要的时候。

因为你马上就要开始准备你自己跌宕上扬的故事了，你可以从历史上最有说服力的那些故事中汲取营养。你可能会做得很棒，因为你正站在巨人的肩膀上。

第七章 CHAPTER 7

10页讲稿的伟大旅程

开始创作：步骤与示例

为了帮助你创作10页讲稿，我先带领你详细了解一下每一页的内容。每经过故事的一个转折，我会告诉你这一页的名称、唤起的情感，再简单举几个例子，同时给出一系列的填空提示，帮助你完成自己的讲稿。接下来，如果你想用可视化的方式展示，那么你可以从你的视觉解码器中选择图画，我会帮你选出最符合这一页的图画。

开始之前，先整理一下思绪。

在你开始填写 10 页讲稿之前，你还需要做好以下三件事。

第一，地点。找一处安静的地方，确保你在接下来的一小时不会被打扰，没有手机，没有网络，没有电子邮件。如果你喜欢独处，那么你会很享受这段独自思考的时间。如果你喜欢和搭档一起工作，那么尽管把他找来。把自己的想法快速地给别人讲一遍，会对你大有裨益，你不仅可以获得灵感，还会不断前进。不过，要确保这个人非常了解你要讲的故事，你相信他的直觉，而且他不会让你分心。你只有一个小时的时间，所以不管是独处还是和别人一起，都要保持精神的高度集中。

第二，预先构思。再次快速浏览一下你的视觉解码器。你在第一个小时制作视觉解码器时画出的人物、想法、概念和寓意，都是故事的原材料。它们在你的脑海中越清晰，故事展开得就越顺利。

第三，说服。最后，回顾一下正面说服的三个核心。

1. 无论你想分享什么信息，它首先要与听众有关。

2. 它需要提供一个听众想要的好处。

3. 它必须是你们能够一起实现的东西。

这三个原则在你讲故事时将是你的指路明灯。

现在，我们要正式开始了。

好，现在找 10 张纸（或者打开 10 页讲稿的电子版），关上门，创作故事的时间到了。

伟大的旅程

10 页讲稿将故事分为三幕：开头、中间部分和结尾。每一幕包括三页，加上封面，一共十页。我们的旅程将按照这一顺序进行，每一幕结束后，我们会简短地停顿一下，回顾这一幕的内容。

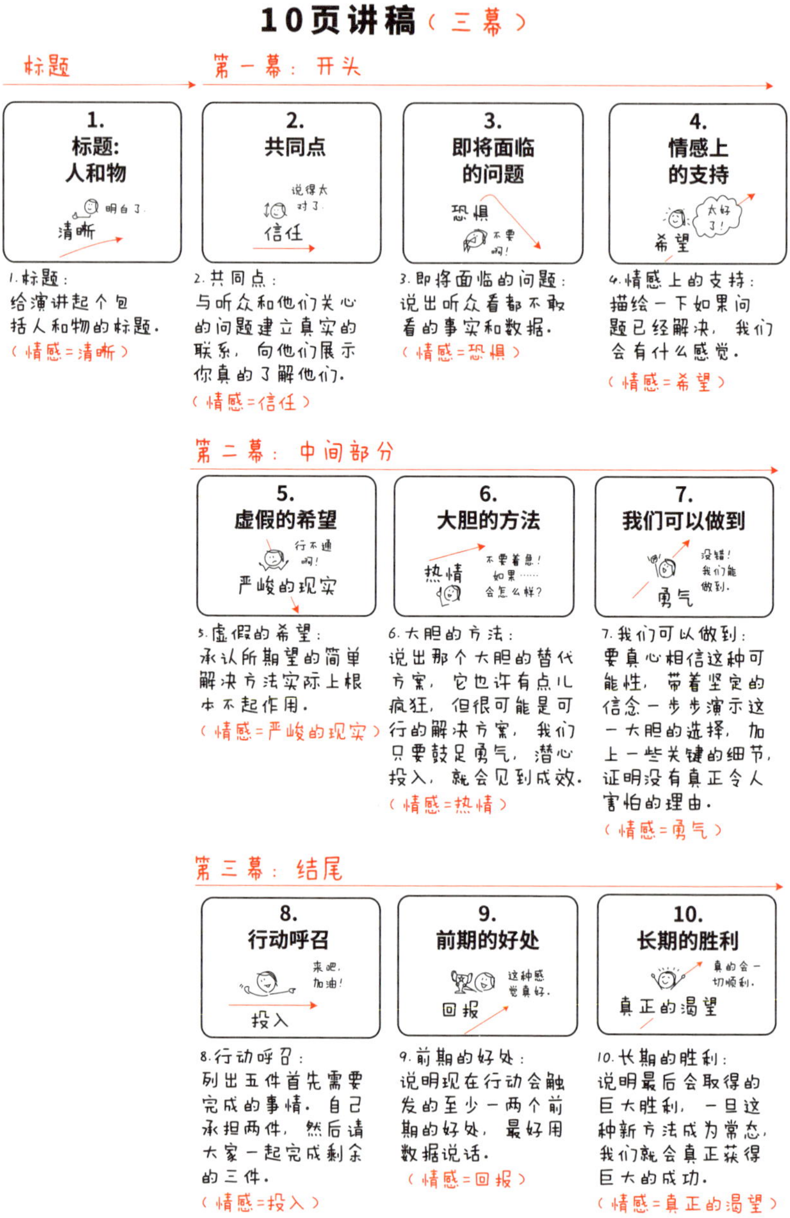

本图将完整的10页讲稿模板分为三幕：开头、中间部分、结尾。

• 第一幕：开头

设置场景，建立情感纽带（创建 4 页讲稿，每页 5 分钟，共 20 分钟）。

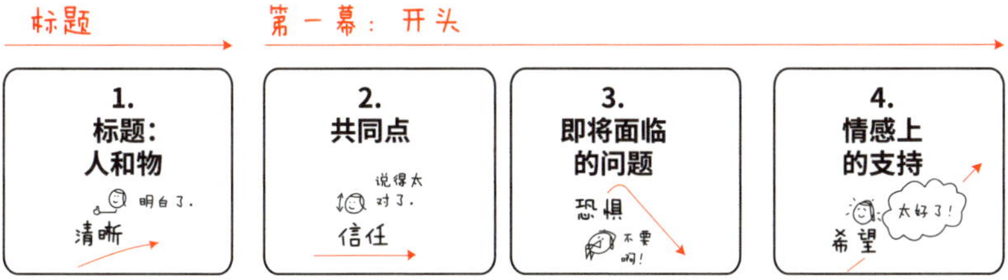

故事的开头包括标题、共同点、即将面临的问题和情感上的支持。

讲故事的高手一开口就知道自己有没有抓住听众。随着一次又一次赢得听众的认可，作为讲故事的人，你在听众心中建立了可信度，而听众会越来越信任你，愿意继续听你的故事。这就是为什么小说家和好莱坞制片人通常会花更多的时间来设计故事的开头，而不是其他部分。

有很多情感可以迅速抓住听众，其中最可靠的四种是清晰、信任、恐惧和希望，并且要按照这个顺序排列。这个顺序之所以很重要，是因为要想使正面说服达到效果，如何安排开场十分关键，它决定着听众一开始的开放和接受程度。

行为经济学有很多重要的概念，“框架”就是其中之一。行为经济学是一门新兴的科学，主要研究人们隐藏的偏见，这些偏见往往以出乎意料的方式推动决策，行为经济学家丹·艾瑞里将这种方式描述为“可预测的非理性”。诺贝尔经济学奖获得者丹尼尔·卡尼曼在《思考，快与慢》一书中对“框架”一词的描述如下：“以不同的方式呈现相同的信息，往往会唤起不同的情感。”在10页讲稿中，要先用两个正面的陈述开场，也就是在标题和共同点这两页采用正面陈述。这样，因为“快思维”的影响，听众就会以一种开放乐观的态度参与进来，这更有利于他们面对你随后要抛出的问题。

那么，10页讲稿的开头便是这样的：“标题”给出清晰的概念，最初的“共同点”用来建立信任，“即将面临的问题”用来触发恐惧，“情感上的支持”用来重新点燃希望。

下面，我们一页一页来看。

第一页：标题（人和物）

——给演讲起一个包含人和物的简单标题。

情感：清晰

首先是标题，用一句话给人一种清晰的感觉，给他们以安全感。标题有两个作用，一是让听众知道你要讲什么，消除他们的不安；二是在你准备后面的故事时让你不跑题。

标题只要说清楚你在和谁说话、说的是什么，就称得上好标题了。

◎ 标题只需要简单的一句话，包含人（听众）和物（他们想要的好处），再加上一个动词（他们想要采取的行动）即可。

要记住，演讲可不是关于你的。

- 就有说服力的演讲而言，标题中的“人”不是你，而是你的听众。所以，你要确保他们能在标题中看到自己。
- 标题中的“物”不是你想卖的产品或服务，而是听众在采取你建议的行动后会得到的好处。确保他们能清楚地看到对他们有意义的好处。（在丹尼尔·卡尼曼描述的框架效应中，这是很关键的一个部分。）

举例：

- 对一群积极进取的童子军女孩来说，“你能卖出更多的饼干”就是一个很好的标题。
- 如果演讲对象是医院的工作人员，那么“我们将携手改革医疗体系”可以说是一个很好的标题。
- 如果你要向老板提出晋升申请，那么“我可以如何助力公司成长”就是一个不错的标题。

起标题时，要想寻找灵感，你可以看看你的视觉解码器。

- 你需要的一切，包括人和物、时间、地点、学到的重要内容，都已经在视觉解码器中画出来了。

不要展现自己的聪明才智，不要故作神秘，也不要做过多的思考，只要清楚地说出人和物即可。如果你在后面想修改，那么你随时可以回来，但此刻必须先完成剩余的页面。

触发语：有一种方法可以帮助你得到你想要的东西。

填空：

1. 这次演讲的目标受众是谁？

“我的目标受众是【插入名字、群体、角色、人口特征等】。”

2. 目标受众最想从你的演讲中得到什么回报？

“我的目标受众真的想要【插入一个动词，描述听众想要实现的目标】。”

3. 你希望听众听完你的演讲后采取什么行动？

“我希望他们【插入你希望他们采取的行动】。”

从视觉解码器中获得标题页的图画或文字。

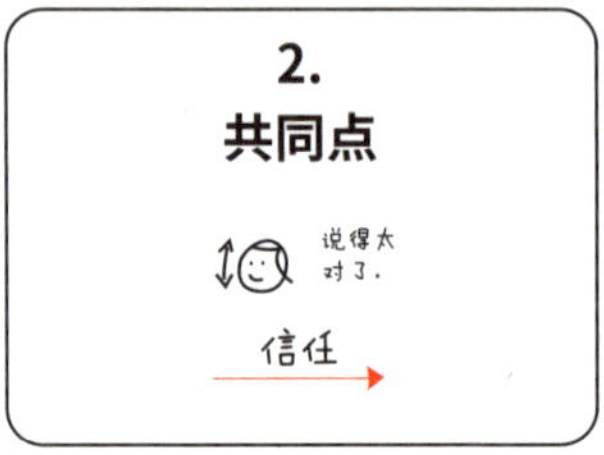

第二页：共同点

——与听众和他们关心的问题建立真实的联系，向他们展示你真的了解他们。

情感：信任

既然听众心里已经清楚你要说的内容和他们有关，那么下一步就是建立信任了。要做到这一点，你要找到你们之间的共同点，说明你们都很了解目前的情况。

你可以借此机会介绍自己，表明你真的了解听众所面临的现实情况、他们的目标和希望，并且感同身受。

◎ 如果你对听众的工作或生活了如指掌，是这方面的专家，那好极了。你可能十分清楚该说什么。不过，即便如此，分享信息时也要保持谦虚，介绍自己的专长时不要超过一句话。清晰、明确地讲出你的故事更能彰显你的经验。

- 如果你不是这方面的专家，那就直截了当地告诉他们。清楚地说明你不是什么都懂，但还是知道一些对他们有价值的东西，这也是一个建立信任的好方法。

只要有可能，一定要通过正面陈述建立共同点。

- “启动效应”是行为经济学家丹尼尔·卡尼曼研究中的第二个要素。简言之，证据表明，与感觉受到逼迫相比，如果你能够引发愉快的联想，那么人们对接下来的事情的反应会保持更开放的态度。
- 如果听众的境遇颇佳，那么正面陈述其实很容易。你只要说：“你真厉害！我真希望能和你一样成功！”然后继续下一页即可。
- 但大多数时候，情况并非如此。如果目前的情况很糟糕，那么你有两个选择。第一，你可以使用正面的启动效应，尽可能从好的方面来描述当前的困难；第二，说明你很熟悉这种糟糕的情况，愿意与听众一起面对，这也是建立共同点的一种有力的方法。

举例：

- “在我们销售（或策划、婚庆、航空等）行业，现在可以说是顺风顺水。”“身为同僚，我发现我们工作的最大好处就是……”类似的话可以提高你在听众心中的可信度，说明你很了解听众所在的领域，让事情在积极、正面的框架中展开。

◎ “我虽然才来几个星期，但已经发现你们的方法十分有效。”这是建立共同基础的一个可靠方法，即使你对听众的情况不是特别了解，你们也可以从此处开始。

◎ “我知道你们一直在为咱们行业的转变而苦恼。”“最近的消息对我们来说不是很有利。”当面对情况不好时，你可以用这样的话建立共同点。这两句话都表明你和听众一样，也身在其中，并且愿意和他们聊一聊当前的困难。

无论是好消息还是坏消息，一定要记住，试图通过虚假的方式获取信任永不可取。你早晚会被揭穿，信任再也无法建立。为了实现正面说服，你确实需要了解听众的一些现实状况。你可以通过自己的经历、你们共同的经历，或者可靠的研究来了解情况。如果你对听众没有足够的了解，无法公开地建立共同点，那么你可以寻找一个相关的共同话题，或者重新安排演讲的时间，以便充分了解听众的情况。

触发语：我们同在一处，我们都知道这些事千真万确。

填空：

1. 我们现在有什么共同点？你和听众在工作、生活或处境方面有什么共同的地方？

“我们的共同点是【我们有什么一样的地方？】。”

2. 你知道听众的什么想法，而他们并不知道你知道这一点？

“我知道听众的某个想法，而他们并不知道我知道，这个想法就是【他们面临什么样的目标、机会或挑战，你可能很难察觉，甚至他们自己都不太清楚？】。”

3. 你有没有什么经历，你觉得听众也有过？

“我怀疑我们都经历过的事情是【你觉得你们都有过什么难忘的经历？】。”

从视觉解码器中获得有关“共同点”的图画。

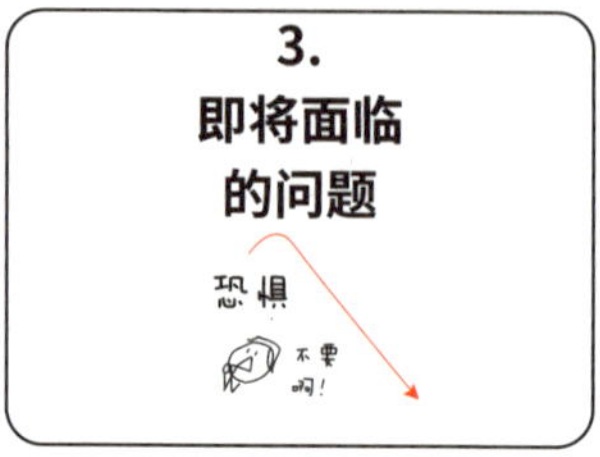

第三页：即将面临的问题

——说出听众看都不敢看的事实和数据。

情感：恐惧

现在到了恐惧这一环节，恐惧往往是最强大有力的一种情感。这时，你要深呼一口气，卸下装备，直白地说出，不管今天的共同点是什么，不管是好还是坏，事情都在变得更加糟糕。无论你称其为问题、挑战，还是厄运，它都是跌宕上扬的故事中的第一道坎儿，而且是个大坎儿。

适度的恐惧可能会成为你的朋友。

◎ 这可能有悖直觉，但适度的真实恐惧确实属于故事的第一幕。诚实面对，恐惧是共同点的必要延伸。

- 如果在你分享即将面临的问题时，听众可以看出来你对此颇为了解，那么你对未来挑战的清晰评估会巩固听众对你的信任。
- 回顾一下正面说服的第二个核心：大胆接受真相，实事求是地寻求解决方法，你会找到一种重新定义问题的方法，并在此过程中不断成长。如果你不把可怕的事实说出来，大家可能就会视而不见，所以一定要大胆地说出来。
- 这种方法之所以有效，是因为它是围绕着观众面临的事实真相展开的，尽管它很可怕。人们的天性是渴望做正确的事情，而这种坦诚激发了听众的这种渴望，即便做正确的事会很困难。

举例：

- “你可能已经了解到，我们的市场预计在未来一年内会收缩一半。”这种方式直截了当，直指事实。
- “我这么说可能很可怕，但事实的确如此：这场危机不会消失，反而会愈演愈烈。”这会给听众带来痛苦，但你的坦诚会赢得赞赏。

有一点不要搞错了，你采用的方法是正面说服，你的故事会以积极的方式结束。但是，恐惧也在其中扮演着一定的角色，只不过不是主角。生活就是一场冒险之旅，我们总会碰到挑战，然后克服它们，或者至少是尝试克服它们。这就是恐惧在你的故事中所扮演的角色：

挑明和展示不可否认的事实。这些事实太过可怕，以至大家都想偏过头去，避免与之对视，但事实并不允许我们这样做。

触发语：什么事会让你半夜惊醒？

填空：

1. 有什么重要的问题即将出现，我们再也无法无视它，因为我们即将直面它？

“即将出现的重要问题是【用一句话概括即将出现的问题】。”

2. 有没有新的挑战正向我们袭来，而我们却不知该如何面对它？

“我们现在可能不想考虑这个问题，但我们不得不面对它：【用一句话说明你们还没有认真准备应对的真正威胁】。”

从视觉解码器中获得有关“即将面临的问题”的图画。

你可以从视觉解码器中调出让人惊呼“天哪”的走势图，表明情况正急转直下。你也可以放一张当今形势的导图，表明危险即将到来。

第四页：情感上的支持

——描绘一下如果问题已经解决，我们会有什么感觉，在恐惧面前种下希望的种子。

情感：希望

对付恐惧最有用的解药就是希望。当希望的曙光出现时，大脑会产生让人感觉愉悦的化学物质，而这正是你的听众现在所需要的。在这一页，不用给出具体的解决方案，只要和听众一起想象，一旦你们解决了问题，到达了胜利的彼岸，你们会有什么感觉即可。

你们会感到快乐吗？当然会！数字会重新达到平衡吗？你们会不会松一口气？当然会！你们能想象与困难对抗并获得胜利后所感受到的巨大满足和团队精神吗？当然可以。现在，你可以自己感受一下！

引导听众想象，到达成功的彼岸将是多么美好的事情——先不用担心如何到达。现在是欢庆的时刻。

- 当穿过黑暗，重遇光明时，你会有什么感觉？
- 当我们解决了这个问题时，我们会有什么感觉？当问题被解决了时，世界会是什么样子？
- 不要担心问题要如何被解决，只要想象问题最终得到解决时的感觉就好。（记住，这里只需要纯粹的情感钓钩，现实随后再说。）

举例：

- “想象一下，我们的产品很受顾客的欢迎，他们迫不及待地等我们给他们打电话。”对于销售团队来说，这是很棒的希望钓钩。
- “想象一下，当这一切都结束时，当你知道自己终于彻底安全和自由时，你会有什么感觉。”对于任何内心充满担忧的人来说，这句话都会给他们的心中注入希望。

这是10页讲稿中最快乐的转折，所以给希望插上翅膀，让它在空中翱翔片刻，你可以通过这种方式提醒听众，他们为什么要经历这个问题带来的痛苦——因为问题的另一边就是他们一直梦想的世界。

触发语：想象一下……

填空：

1. 当这个问题被彻底解决时，你会有什么感觉？

“当这一切都结束后，【总结一下这个问题不复存在时你的感觉】。”

2. 当走到隧道尽头看到曙光时，你会有什么感觉？

“当看到胜利的曙光时，我们将【共同享受战胜困难的喜悦和自由】。”

从视觉解码器中获得有关“情感上的支持”的图画。

放一张描绘未来的导图，上面所有的人和物天衣无缝地串联在一起。你也可以继续使用走势图，不过这次没有数字。

很好，到目前为止，开头部分已经结束了。听众已被深深吸引，他们内心充满希望，并准备好面对接下来的事情。这真是太好了，因为真正的颠簸马上就要开始了。

• 第二幕：中间部分

严峻的现实邂逅大胆的可能（创建 3 页讲稿，每页 5 分钟，共 15 分钟）。

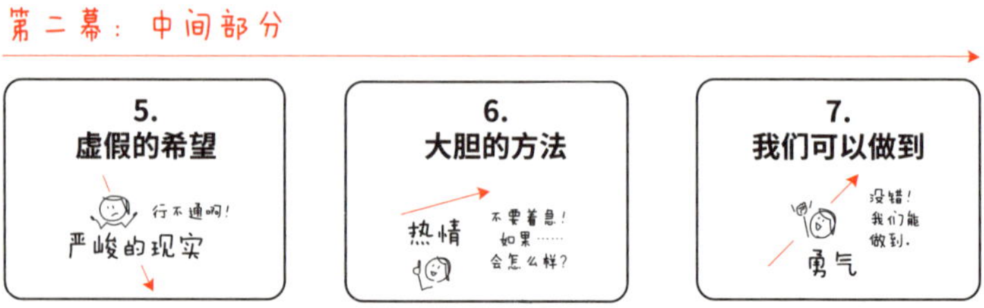

情感的过山车还没有停下来，事实上，较大的起伏才刚要登场。在这部分内容中，你要说明现实，解释为什么这一大胆的解决方案是可行的。不过，现在还不是时候……要想让听众鼓起勇气战胜困难，你首先需要让他们真正清醒过来。

第五页：虚假的希望
——承认所期望的简单解决办法实际上根本不起作用。

情感：严峻的现实

听众已经知道问题解决后会是什么感觉，但要实现目标绝非易事。人们总是希望自己什么都不做，问题就可以被解决，或者能找到某种可以解决所有问题的万全之策。可问题是，这些都是虚假的希望。要想避免陷入其中，唯一的方法就是认清它们的真实面目，知道它们是虚假的希望，然后将其弃置一旁。

虚假的希望这一页包含两个相互矛盾的信息：令人向往的轻松之路与这条路走不通的残酷现实。

◎ 我们觉得现在能解决这个问题但实际解决不了的方法有哪

些？现在有哪些做法，我们自认会让我们走出困境，但其实并不会？

- 我们因为认为回避是更安全的做法而逃避去做的事情有哪些？
- 我们现在做的哪些事，不管用意有多好，但就是没有用，而且可能因为没有真正解决问题而使情况越发糟糕？
- 残酷沉重的现实意味着什么？

举例：

- “我们可以什么都不做，事情自然会解决，对吗？不对，我们知道这根本行不通。”这句话会让大家知道，不采取行动是不行的。
- “这一次，原来的安全做法不再安全了，因为这一次的问题实际上可能会让我们陷入绝境。”这句话可以立刻让人们清醒过来。

这一页揭露了我们不应该再相信旧日的解决方案和传统智慧（即拒绝改变），因为这只会使问题变得更严重。承认残酷的现实不仅是一种精神宣泄，而且是唯一的前进方向。

触发语：以往的方法不再适用了。

填空：

1. 我们以前总是依赖的哪些解决方案现在不起作用了？

“不管人们怎么想，【一切照旧，不采取新的解决方案】，这个问题是不会被解决的。”

“每个人都想采纳的简单答案，但从长远来看并没有效果的方法是【用一句话总结虚假的希望 / 错付的信任】。”

2. 为什么对这个问题来说，原来那些简单的方法都不起作用了？

“这个问题之所以比平时的问题更严重 / 更棘手 / 更复杂，是因为【用一句话概括这个问题的独特之处】。”

“通常的解决方案之所以无法解决这个问题，是因为【为什么人们所依赖的解决方法行不通】。”

从视觉解码器中获得有关“虚假的希望”的图画。

你可以放一张表现“当前状态”的图画，上面乱作一团，甚至比以往任何时候都复杂混乱。你也可以展示你画的没有以前那么开心的人物。

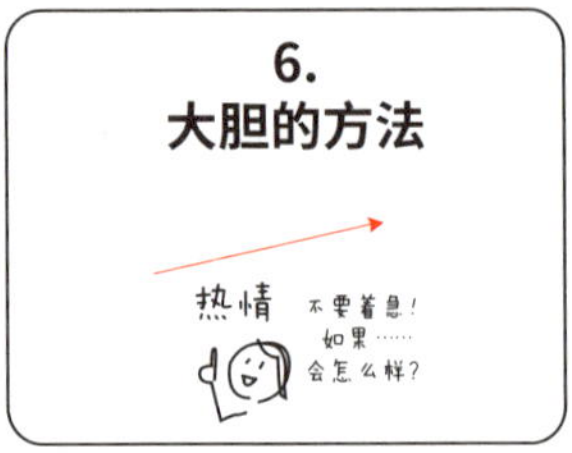

第六页：大胆的方法

——说出那个大胆的替代方案，它也许有点儿疯狂，但很可能是可行的解决方案，我们只要鼓足勇气，潜心投入，就会见到成效。

情感：热情

当我们身处绝望的深渊，被残酷的现实所啮噬，以往的解决方案又不起作用时，我们总还有选择。我们可以放弃，说："好吧，我想事情就这样了。"我们还可以说："不，我今天不打算放弃，我会找到一条新的出路！"选择第二个选项会是个转折点。它开启了新的可能性，这种可能性可以来自很多地方，比如导师的话、很久以前的一次教训、全新的数据、盲目的信仰，我们需要做的就是对它敞开心扉。

我们直视问题时，所有的问题都像谜题一样，而谜题是令人着迷的。听众一旦能够看清楚即将到来的问题是什么，两种情况就会发生。第一，恐惧消失了。第二，能量出现了。有一个词可以形容这种转变，那就是“热情”。面对现实，你别无选择。现在是时候大胆一点儿了。

在确定了什么行不通之后，现在的任务就是抓住时机，找到什么可以行得通。现在是时候选择你想采取的大胆方法，并拿出热情来实现它了。要敢想，不要想着“跳出思维的墙”，如果本来就没有墙呢？

这是一个经典的时刻，你和听众将重塑思维，将“我们有一个问题”的想法转变为“你知道吗，这是一个千载难逢的机会”！

- 现在，我们已经清楚即将面临的问题有多重要，让我们集思广益，告诉自己该适可而止了。要彻底解决这个问题，我们需要做什么呢？
- 既然知道老路行不通，那么我们现在要用什么方法解决这个问题？也许是新的方法，也许是古老的秘术，也许是从未经过验证的途径？
- 我们能想出的最疯狂、最反常的想法是什么？如果我们真的仔细思考一番，它可能就是我们真正需要的解决方案。

举例：

- “如果有一种方法，可以在你每次开车时增加油箱中的汽油，会怎么样?”“如果我们可以在网上问一个简单的问题，以此取代我们所有的笔头工作，会怎么样?”“如果我们停止生产衬衫，把所有精力放在卖得更好的鞋上，会怎么样?”这些都是违反直觉、值得探索的大胆举措。

◎“如果我把我在会计方面积累的所有经验应用到商业运营中，会怎么样?”这是一次职业转变的好机会。

在经典的英雄之旅中，正是在这一时刻，犹豫不决的英雄最终知道该大胆地迈出那一步了。在《星球大战》中，欧比旺说“使用原力，卢克”，就是这样的时刻。此时，你还有什么可以失去的呢?

触发语：等一等，如果我们可以……会怎么样?

填空：

1. 你所说的大胆的新方法是什么样的?

“我们不再因循守旧，我们需要【用一句话概括大胆的新路径或解决方案】。”

2. 这个大胆的解决方法叫什么?

“这个解决方案的名称是【插入你的大胆解决方案/产品/服务/概念的名称】。”

3. 这个大胆的解决方案与其他替代方案相比，有什么独特之处?

“这个解决方案的独特之处在于【插入这个解决方案所具有的两三个独一无二的特点】。”

从视觉解码器中获得有关“大胆的方法”的图画。

以最复杂的方式画出一幅表示“当前情况”的图画，擦掉每一条连接线，用一个大大的红色箭头取代它们。这个箭头跳过每一个常规步骤，直接将起点和终点连接起来。

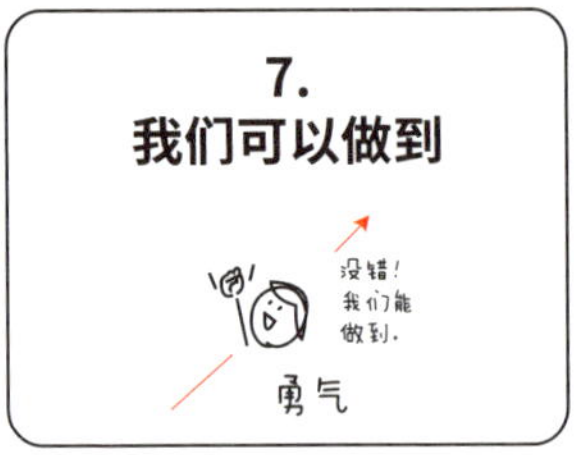

第七页：我们可以做到

——要真心相信这种可能性，带着坚定的信念一步步实践这一大胆的选择，加上一些关键的细节，证明没有真正令人害怕的理由。

情感：勇气

此时，你的听众已经被你深深吸引，当然他们也会表示怀疑，这是很正常的。你刚刚挑战了他们所相信的现实，现在你需要证明你的疯狂想法其实并不疯狂。告诉听众“这实际上是可以做到的”，你的渴望和热情将会转变为它的好姐妹“勇气”。这时，你要从大胆的方法中挑选几个最可怕的实操细节，用具体的证据一步步说明我们可以做到，我们想要的结果可以实现。

勇气来自你知道自己可以做到的信念，而要知道自己可以做到，离不开可靠的经验和计划。此时，一定要证明自己二者兼具。

- 给听众一个基于经验的理由，让他们相信你大胆的解决方案其实并不疯狂，它是行得通的（要么你自己实践过，要么大家都认可或信任的人做过类似的事情）。
- 展示你高水平的实施计划（最多五步）。如果可能，说明类似的计划以前有过成功的案例，也许可以着重说明你针对当前问题所做的某个关键的修改。

举例：

- “如果我们像去年获胜时一样严谨地对待此事，我们就一定可以解决这个问题。”这句话很有力，让人们看到了可以依赖的现有经验。
- “如果把整件事分成三个阶段，我们就会惊奇地发现它实际上十分简单。”这句话相当于对你的计划做了一个现实的评估。

在创建这一页时，不要吝惜使用可以验证的经验或鼓舞人心的计划，因为你要通过这一页将热情转化为现实。它可能是整个讲稿中最重要的一页。（我可以保证，这将是听众被你的整个故事吸引后，想要再回去看看细节的那一页。）

触发语：我们这样做过。

填空：

1. 你能给出什么理由 / 论据 / 数据来证明这个大胆的解决方案会成功？

◎“这实际上是可以实现的，因为【给出以前成功的案例】。”

◎“这种方法是行得通的，因为【总结新的可以直接支持你的方案的数据 / 见解 / 流程 / 技术突破】。”

2. 为什么直觉告诉你，你 / 我们 / 团队可以做到这一点？

◎“我之所以知道我们能做到，是因为【总结听众能从你的计划中获得勇气的原因】。”

◎“这绝对是行得通的，我们如果团结起来，就可以完成这个大胆的方案，因为【总结你和听众以前通过共同努力取得的惊人成就】。”

从视觉解码器中获得有关“我们可以做到”的图画。

你画的时间线上已经标明了完成这一大胆方案所需的具体步骤，它从视觉上将热情转变为“可信性”，它是勇气的基础。

现在，第二幕已经结束了，计划已被制订。现在，你要做的就是，证明实现计划是很简单的，而且我们得到的回报也会表明我们的努力是值得的。

• 第三幕：结尾

动态的结尾：用可以迅速获得的好处和长期的胜利结束整个故事（创建 3 页讲稿，每页 5 分钟，共 15 分钟）

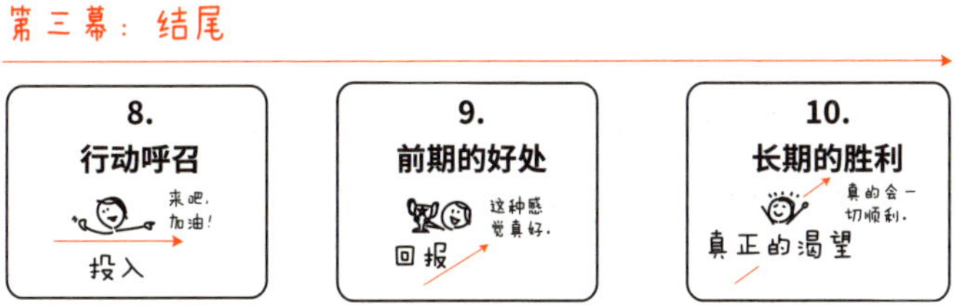

现在，听众已经和你站在一条战线上了，他们被你的信念、热情和你所说的事实吸引。现在，你需要清楚地说明需要采取的步骤，这些步骤不仅可行，而且肯定会带来他们想要的结果，然后说明，通过这些努力，未来会比过去最好的时候还要好。

第八页：行动呼召

——列出五件首先需要完成的事情。自己承担两件，然后请大家一起完成剩余的三件。

情感：投入

你刚刚告诉听众“我们可以做到”，并介绍了初步的计划。现在，你要证明自己是认真的。如何证明呢？很简单：列出一开始必须做的三到五件事。对听众来说，这说明你的计划是可行的，可以立即采取一些小的步骤。如果这是一个团队项目，你还需要说明一点，那就是你会和大家一起踏上前方的旅程。其实，这很容易证明。在你列出的步骤中，选至少两个自己承担即可。

如果早期的步骤明确而简单，付诸行动是最容易的。

- 注意那些可以让听众现在就朝着正确方向行动的小步骤。找出那些他们可以首先采取的措施，这些事情要么不需要费什么力就可以完成，要么可以在最短的时间内推动事情的发展。
- 在整个路线图中，确定达到第一个主要里程碑或关键节点所需的几个步骤，一个一个清楚地加以说明。

如果你的计划需要团队来完成，那么大家要共同承担起责任。

- 在鼓励大家行动的时候，你首先要表明你自己也会投入其中，承担起需要完成的至少两件事，然后给出完成每一步的期限。
- 在讲剩下的步骤时，提出大家共同分担的方法。启动这项工作需要不同能力的人，提出最适合带头的人选。
- 要清楚，即使在早期阶段，完成计划也需要团队的努力。大家对彼此的信赖是确保前期成功的关键因素。

举例：

- “第一步，只要下载这个应用程序就可以了。”“第一步就像数一二三一样容易。”这样说就很好，可以表明开始时没有任何障碍，甚至可能会很有趣，让大家有动力尽快开始行动。
- “我们只需要做五件事就能取得重大进展，我的团队可以立即着手完成其中的两件。”这也是很好的表达，可以表明你自己会投入其中，在早期就形成良好的势头。

你大概介绍了细节，并且承诺自己会先完成其中的两步，这证明你会和大家共担风险，还证明了你一个人是无法完成的，你需要在场其他人一起加入进来，这会让他们知道未来的旅程对他们有什么要求。

触发语：这就是一开始需要做的所有事情。

填空：

1. 我们即将踏上的这趟新旅程都包括什么？

“如果我们开始行动，那么我们即将踏上的这趟新旅程包括【插入未来要完成的三到五个重要步骤，将整件事分为几大块，并给出明确的描述】。”

2. 要想解决问题，我们首先需要完成哪几步？

“我们需要做的前三 / 四 / 五件事是【插入三到五个接下来要做的事，每件一行，也许可以加上拟定的负责人和完成日期】。”

从视觉解码器中获得有关“行动呼召”的图画。

把重点放在时间线的第一阶段，列出接下来要采取的五个步骤，用简单的项目符号标注（你也可以同时列出每一步拟定的负责人和完成日期。）

第九页：前期的好处

——说明现在行动会触发的至少一两个前期的好处，最好用数据说话。

情感：回报

当你要求别人开启新的旅程时，承诺他们很快便可以得到一定的回报，会给你很大的帮助。这一页就是你做出这种承诺的时刻。确定至少两个他们可以在短期内从你提出的大胆方案中获得的好处。好处不一定很大，但一定要有意义。如果它们能够使后面更大的举措变得相对容易，那就更好了。给出一个现实的时间线，解释你为什么认为这么做可以获得这些好处，并尽可能地把它们量化。

前期的好处，即使很小，也会让人们较轻易地做出大的承诺。

它们有助于巩固早期的决定，证实继续行动的价值，证明最初投入的时间、金钱和努力是合理的。此外，人们也会因此觉得心情愉快。

- 早期的胜利是对采取行动这一决定正确性的最佳证明。它为继续前进奠定了基础，为更多更大的成功铺平了道路。
- 前期的好处可以激发人们的信心，增加他们的动力，为继续前行提供充分的理由。

确定可能获得的前期好处并不难。寻找典型的痛点（财务、运营，甚至情感上的痛点），看看尽快采取经过深思熟虑的行动是否可以缓解这些痛点。

- 从好的方面讲，能否获得早期的收益？现在行动能否提高士气和团队的积极性？采取新行动之后，近期收入是否会增加？市场是否会扩大？
- 就底线而言，现在开始行动，能否节省开支？提高效率的新方法是否清晰易懂？大家是否会有一种新的安全感？

听众现在都指望你呢，所以你要让他们看到他们会如何从早期的胜利中受益。对于听众中最具怀疑精神的人来说，这部分演讲内容可能是他们最喜欢的。

举例：

- “我们立即行动所建立的势头会立竿见影，团队士气会马上得到提升。”这有助于将大家对变化的恐惧重塑为积极的动力。

◎“我们只要开始行动，很快就会发现其他改进 / 省钱的方法。”用具体数据点明前期的潜在好处来肯定行动的意义。

触发语：虽然才刚刚开始，我们已经有所收获了。

填空：

1. 对所有人来说，现在哪怕采取一步行动，也会产生的直接好处是什么？

“我们现在采取这一行动将会得到的前期好处是【插入一个可量化的早期胜利】。”

2. 有哪些我们可以马上看到的能够证明这是一条正确道路的回报？

“这样做很快就会带来回报，可能会让我们又惊又喜，这个回报就是【插入一个立即出现的意外好处，这个好处可能有助于支付该计划后面产生的费用】。”

从视觉解码器中获得有关“前期好处”的图画。

可以使用的图画包括逐步上升的图表、开始节约下来的成本，中间得到解决的问题，或十分突出的相关问题。

第十页：长期的胜利

——说明最后会取得的巨大胜利，一旦这种新方法成为常态，我们就会真正获得巨大的成功。

情感：真正的渴望

前期获得回报和效益是特别好的事情，团队可以从中看到他们新采取的行动产生了新的结果。这一点很关键。不过，这并不是人们用心投入的原因。他们的投入来自信念和知识，他们知道所有的希望、热情、勇气和投入都是为了一个更大的目标。而且远方还有胜利在等着他们，即使这个项目结束，胜利也会长久存在。当你讲完 10 页讲稿时，听众毫无疑问会渴望听到更多的信息。如何实现呢？你可以不经意地说："顺便说一句，你们可以想象一下，我们如果把这件事做好了，会不会有其他收获？”这是一个很好的机会，你要大胆说出来。

每一个跌宕上扬的故事都有一个积极向上的结尾。高潮尚未结束，它会幻化为一种不可动摇的感觉，让大家相信这一切是值得的，因为接下来还会有更好的事情发生，以我们目前还无法想象的方式发生。

- 真正能够改变听众现状的渴望是什么？我们在这一过程中学到的什么东西会永远留存在我们心里？
- 我们在这个项目上的投入将会如何改变未来？我们一旦解决了这个问题，到达了胜利的彼岸，生活就会有什么惊人的变化？
- 从长远来看，我们可能会有什么现在根本无法预料的收获？

举例：

- “最令人惊奇的结果，我们甚至还无法想象：新的市场、新的受众、我们沿途发现的新产品。”这种结束旅程的方式真的很令人向往。
- “如果我们把这件事做好，那么我们不仅解决了那个促使我们行动起来的问题，还会发现我们原来并不知道我们自身所拥有的能力。”这样说会让大家的努力更有价值。
- “长期的胜利是……”有这句话就足够了，无须多言。

如果人们知道他们会不虚此行，会收获更多的知识和经验，那么他们就会踏上旅途，这才是人们做出改变的最终驱动力。你可能不知道长期的胜利是什么，没关系，尽管大胆向前，去改变世界，你的听众是不会让你失望的。

触发语：我们现在甚至无法想象的机会。

填空：

1. 为什么我们需要做这件了不起的事情？

“【插入一句话，描述现在解决这个问题的长期好处，为什么这种好处会延续到未来】。”

2. 然后，反过来说。如果做了这件了不起的事情，那么我们未来可能意外获得什么样的额外回报？

◎“如果我们全心投入，并采取行动，那么我们可能获得的惊人的长期回报是【总结一个可能出乎意料、令人梦寐以求的胜利】。”

◎“这就是为什么我们现在需要这样做。想想看，当我们最终能够【写下一个你真正想要参与实现的改变世界的志向】时，这将意味着什么。”

从视觉解码器中获得有关“长期胜利”的图画。

让你的角色面带微笑。你这样做，并不是因为他们让你的图画更丰富了，而是因为他们开辟出了一个全新的世界，一个充满各种可能性的世界。

“10 页讲稿”到此就做好了。当你采用这个跌宕上扬的模板讲故事时，你会吸引听众的注意力，并让他们渴望了解更多的信息。在下一章，我将分享三个完整的快速演讲的例子，让我们看看其他人是如何使用这个模板讲故事的。我想，看完这三个例子，你就会完全明白我的意思。

第八章

CHAPTER 8

快速演讲的三个例子

实践出真知

在这一章，我将与你分享三个真实的快速演讲的例子。这三个演讲都是按照 10 页讲稿的模板打造的，而且大获成功。帕梅拉是我的一个客户，她用快速演讲改变了自己的职业生涯。吉姆是我的朋友，他通过快速演讲使他最新开发的软件销量大增。摩西来自一家科技巨头公司，他用快速演讲帮助成千上万的客户在艰难的商业环境中自信地前行。

这三个快速演讲的例子都是我帮忙创建的，都是真实的，但在帕梅拉和摩西的例子中，我把人名和公司名改了一下。在吉姆的例子中，信息全部是真实的。

这三个例子分别讲述了个人职业生涯的转变、成功的在线销售和企业的软件战略。通过这三个例子，你会发现大家在推销想法时，方法大同小异，我希望你会看到他们是如何创造出快速演讲的，是如何用这种方法改变了自己的职业生涯，改变了业务情况，给许多人带去好处的。

此外，你会看到每个人如何用相同的模板，做出了属于自己的演讲，并对自己想要分享的故事进行了怎样的优化。

- ◎ 帕梅拉创建了一个纯文本的幻灯片，里面涵盖了她要说的所有的话。每页一个标题，下面是两三句支撑的话。
- ◎ 吉姆创建了一个以图片为主的幻灯片，每张幻灯片上都放了他在视觉解码器中画的画（还加上了他在制作 10 页讲稿时新画的图），并配有一个标题和一行文字。
- ◎ 摩西优化了他的画，重新做成了更正式的图片，并列出了要点，用项目符号做了标注。

这三种不同的形式都很管用。你可以尝试自己的风格，看看哪一种对你和你的听众最有效。

下面这三个例子分别展示了不同风格的快速演讲，有纯文本的、标题加图画的，还有图表加项目符号的。每种形式的效果都不错，你要找到你和你的听众最喜欢的风格。无论你采用哪种风格，你讲的故事都不会变。

帕梅拉：
纯文本
吉姆：
标题+图画
摩西：
图表+
项目标号

示例1

帕梅拉的快速演讲

帕梅拉没有服装领域的工作经验，她的10页讲稿是为了向一家快速发展的服装公司的领导证明，她可以担任该公司首席运营官一职。

背景

帕梅拉在一家全球咨询公司当会计主管已有20年了。她是会计领域的专家，经验丰富，受人尊敬，客户和同僚遍布世界各地。虽然她很爱自己的工作，很爱自己的团队，也很爱自己的公司，但她还是想做些改变。多年来，她逐渐意识到自己很喜欢运营方面的工作，比如提高团队的凝聚力，建立系统来完成项目。帕梅拉希望在下一段职业生涯中，她可以担任首席运营官（COO）这个确保公司有效运作的岗位。

帕梅拉通过认识的人了解到，一家名为“冰冰”（公司的真实名称在此隐去）的初创服装公司正在寻找负责运营的高管。这家公司因其舒适和环保的服装而备受推崇，在服装行业做得风生水起，目前正处于迅速扩张的阶段。公司的创始人贝丝和佩奇需要一位运营专家来指导公司快速增长。帕梅拉认为，虽然她没有在服装行业干过，但她的全球运营经验可以使冰冰受益。

BingBing

冰冰是一家非常成功的初创公司，以生产世界上最舒适、最环保的服装而闻名。帕梅拉想成为这家公司的首席运营官。

帕梅拉知道，自己干了一辈子的会计工作，现在转行是有风险的。但是，她也清楚，自己具备冰冰所需要的专业技能。她知道，通过正常的渠道申请首席运营官的工作对她来讲是行不通的。因此，她决定大胆一些，抛开标准的简历和求职信，准备一个快速演讲，直接通过电话会议向贝丝和佩奇申请这份工作。

像往常一样，帕梅拉先用视觉解码器画出了要点。

当帕梅拉写稿时，视觉解码器起到了很好的参考作用，但最后她决定演讲时不加图画，做一个纯文本的 PPT。她把所有要说的话都写在了 PPT 上，大声念了出来，每页读完后停顿一下。帕梅拉总共只讲了 5 分多钟，留了足够的时间交谈，回答问题，并进一步讨论她提出的每个观点。这种方法很好，只要你把时间控制在 7 分钟以内就可以。你可以将这种方法与其他包含图片的示例进行比较，看看你觉得哪种方式最舒服。

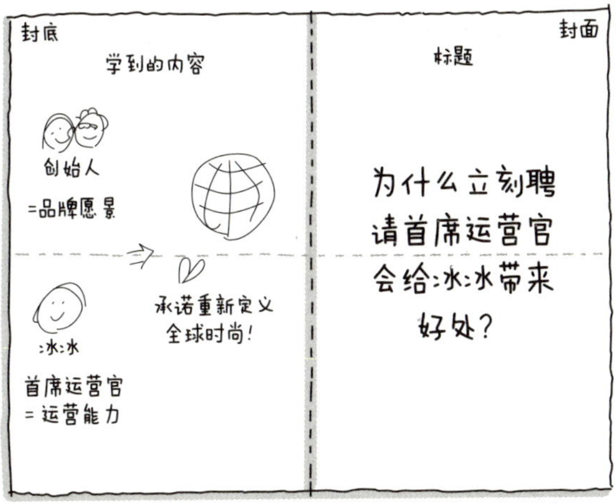

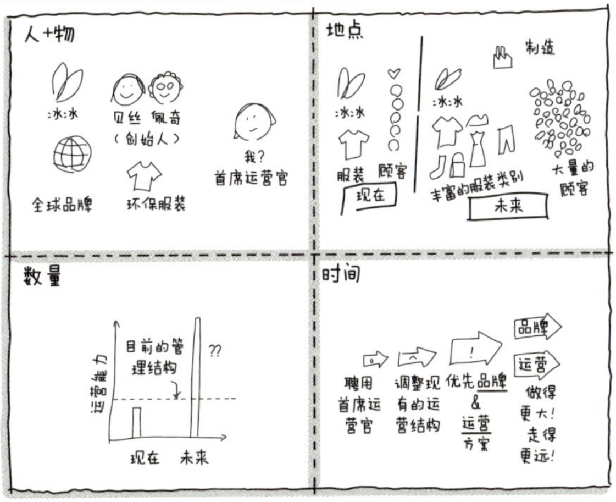

像你先前做的一样，帕梅拉先画好了视觉解码器，其中包括她自己、冰冰的创始人等，所有这些图画都有助于她预先构思出完整的故事。

下面是帕梅拉对冰冰创始人所做的快速演讲

1.
标题：
为什么要做这次演讲？

1. 标题

亲爱的贝丝、佩奇，我相信你们可以在全球范围内实现当初创办冰冰时的初衷，为世界做出贡献。不过，其中缺少关键的一环。

2.
共同点

2. 共同点

我也曾帮助公司从零开始发展壮大，所以我很佩服你们的成就。

你们独具慧眼，在一个业已成熟的行业中建立了一家盈利的环保企业，这是非常了不起的。二位是非常成功的创始人，极富远见卓识，你们创造冰冰的故事令人惊叹。我知道你们正带领公司向更多新的方向发展，同时想要扩大公司的规模。对你们和冰冰来说，这真是一个充满激情的时刻。

3.
即将面临的问题

3. 即将面临的问题

不过，你们可能觉得需要把一辆快速行驶的公共汽车换成一架客机，而这架飞机现在已经起飞了。

你们要从根本上改变冰冰的经营方式，同时尽量让顾客对公司的印象保持不变。这是一个巨大的挑战。在你们集中精力管理品牌的同时，公司运营的复杂性将成倍提高。随着公司的扩张和成长，你们面临的最大的风险也许是失去团队所喜爱的独特文化和公司在市场上建立的良好口碑。

4.
情感上的支持

4. 情感上的支持

好在，你们的确可以实现当初创立冰冰时的愿景，对世界做出更大的积极贡献。

想象一下，你们实现了最初的目标，影响了全球，改善了所有人的生活的情景。到那时，你们就会看到，自己建立了一家独特的公司，公司规模宏大，对人们的生活产生了巨大的积极影响。你们会说服其他更大的公司跟上你们的步伐，让环保服装成为人们的日常服装，而非例外。这种感觉多好！

5.
虚假的希望

5. 虚假的希望

不过，坦率地说，实现这一愿景比你们迄今为止所做的任何事情都要复杂，而且对公司的管理结构有很高的要求。

你们的所有目标都是可以实现的，但如果继续走公司现在的快速成功之路，那么公司的运营将面临困难。随着许多新举措的推进，冰冰将会成为一家不同的公司，一家更加复杂的公司。要在品牌承诺和实际运营之间达成平衡，会变得更加困难。事实上，你们必须增加领导团队的深度，也就是说，你们将不得不移交出公司的一部分控制权。这很难做到，却是唯一的出路。

6.
大胆的方法

6. 大胆的方法

你们可以迈出大胆的一步，那就是现在招募一位首席运营官，这样你们就可以把注意力放在品牌上。

你们正在改变服装行业那些大公司的陈旧思想，不过，你们也可以从它们那里学到一些好的经验。这些公司都有一位负责处理日常运营事务的高管，该角色的存在是为了使创始人专心思考如何实现愿景，这个角色就是首席运营官。

因此，对你们和冰冰来说，这是一个大胆的举措。如果你们彻底改变传统的创业方式，不再选择逐渐成长为运营成熟的企业，而是立即引入一位全球经验丰富的首席运营官，那会怎么样？一位可以和你们共同成长，没有被大服装公司一如既往的思维方式固化的首席运营官。

7.
我们可以做到

7. 我们可以做到

幸运的是，我知道如何引入首席运营官。

我以前有过这样的经验，我知道首席运营官的成功在很大程度上取决于创始人的个性和技能。在我的职业生涯中，我一直在努力做好运营方面的工作，为像你们这样大获成功的领导者提供支持。良好的关系是指，管理人员之间保持公开的沟通，领导者的技能和经验可以相互补充。而我恰好知道如何建立这样的关系。

方法如下：想象一下，你们已经实现了目标，打造了一家价值数十亿美元的公司。再想象一下，这样的公司需要什么样的运营结构，然后着手建立这样的组织结构。每一位优秀的首席运营官应该是什么样子的，依情况而定。公司越早引入这个角色，就越能确定这个职位助力公司成长的最佳方式。

8.
行动呼召

8. 行动呼召

现在，请允许我替你们想一想，当冰冰成为一家价值十亿美元的公司时，你们想扮演什么样的领导角色？

你们知道在实施战略的过程中，冰冰会不断发展。也许公司会上市，也许会有人收购你们的公司，也许你们还想继续持有公司，只是公司的规模更大了。让我们想象一下，冰冰已经成为行业领先的服装公司，拥有多条产品线，有自己的工厂，在各大市场都有零售店。到那时，你们希望如何分配自己的时间？作为商业领军人，你们希望如何继续发展？

你们可以根据心中所想来定义首席运营官的角色，也可以简单地列出所有你们不愿意做的事情。如果我担任公司的首席运营官，这些事情将成为我的核心工作，包括管理员工、执行战略、交付成果，最重要的是，预测和规避潜在的运营危机。我之前的职业生涯为担任这一角色做好了准备。

9.
前期的好处

9. 前期的好处

如果现在引入合适的首席运营官，你们就可以立即腾出时间，专注于品牌愿景方面的工作，而这一点随着公司的成长将会变得越发重要。

让首席运营官尽快到位，公司的组织纪律和能力都会提升，你们的时间和工作也会更加灵活，可以专注于自己最需要做的事情，建立好品牌，为未来的过渡时期做好准备。冰冰在未来的几个月有很多事情要做。一位优秀的首席运营官会帮你们提早做好优先权的规划，告诉你们近期应该把注意力和资源放在哪里，这样你们便可以高枕无忧，将重点放在公司的长期发展上。

10.
长期的胜利

10. 长期的胜利

你们越早确定冰冰的运营结构，特别是通过深入思考首席运营官的角色来确定这个结构，就越能加快改变世界的进程。

现在引入首席运营官有助于你们实现创立冰冰时的愿景。我们都有打造具有独特文化的全球企业并使其价值上升到数亿美元的经验。你们是作为创始人通过自己的远见和勇气做到的，而我是在专业服务领域通过战略和运营做到的。想想吧，我们可以一起达成怎样的成就。我很乐意和你们进一步详谈作为首席运营官我会如何帮到你们。

帕梅拉将 10 页讲稿保存为纯文本的幻灯片模式，通过屏幕与贝丝和佩奇共享，这样他们可以边看边把想问的问题记录下来。帕梅拉的快速演讲总共用了不到 7 分钟，为后面的详细讨论留下了充足的时间。

帕梅拉的十页演讲是纯文本的形式，如下所示：

亲爱的贝丝、佩奇，我相信你们可以在全球范围内实现当初创办冰冰时的初衷，为世界做出贡献。不过，其中缺少关键的一环。

我也曾帮助公司从零开始发展壮大，所以我很佩服你们的成就。

你们独具慧眼，在一个业已成熟的行业中建立一家盈利的环保企业，这是非常了不起的。二位是非常成功的创始人，极富远见卓识，你们创造冰冰的故事令人惊叹。我知道你们正带领公司向更多新的方向发展，同时想要扩大公司的规模。对你们和冰冰来说，这真是一个充满激情的时刻。

不过，你们可能觉得需要把一辆快速行驶的公共汽车换成一架客机，而这架飞机现在已经起飞了。

你们要从根本上改变冰冰的经营方式，同时尽量让顾客对公司的印象保持不变。这是一个巨大的挑战。在你们集中精力管理品牌的同时，公司运营的复杂性将成倍提高。随着公司的扩张和成长，你们面临的最大的风险也许是失去团队所喜爱的独特文化和公司在市场上建立的良好口碑。

帕梅拉的快速演讲结果如何呢？她得到了自己想要的工作。

示例2

吉姆的快速演讲

吉姆的10页讲稿以视频的形式群发给潜在客户，目的是想说服线上创业人士注册并试用他开发的程序，帮助人们轻而易举地在照片墙（Instagram）上获得成功。

背景

长期以来，吉姆一直是在线内容营销领域的一位大师，还是备受赞誉的在线广告撰稿人。他开创了“吉姆·爱德华兹方法”，一个需要订阅的培训项目，目前已有30万订阅者。此外，他开发的“在线内容大师”软件的下载次数已达600万。吉姆不断探索新的方法，通过社交媒体接触更多的在线创业人士，与他们分享经过实践检验的工具，助力他们获得成功。

吉姆最近在如何有效地利用照片墙进行营销方面取得了突破，并开发了一个新的向导程序，帮助照片墙用户简化流程。吉姆打算给邮件列表中的所有人发一封邮件，让他们了解这个程序，并下载免费的测试版。

吉姆先用视觉解码器画出了要点。

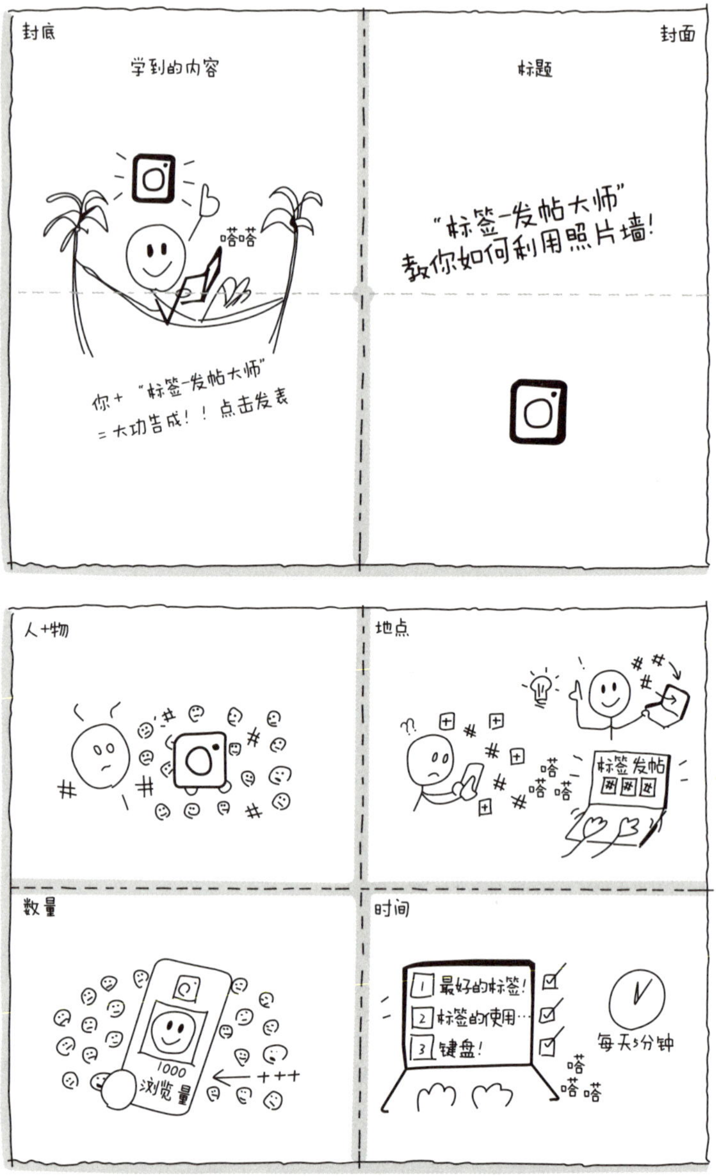

吉姆先画好了视觉解码器，其中包括他自己、在线创业人士、照片墙界面、手机、计算机，还有他开发的“标签—发帖大师”程序。

下面是吉姆的快速演讲，形式是 4 分钟的在线演示，同时他录制了视频，以便在社交媒体上传播。

1.
标题：
为什么要做这次演讲？

1. 标题

照片墙对营销至关重要，但搜罗标签并非答案。

2.
共同点

2. 共同点

不管你承不承认，照片墙对你的生意而言真的很重要。

照片墙有数十亿用户。不管你卖什么，是创意、软件，还是辅

导课程、书籍，你都可以在照片墙上找到顾客，他们正在找寻吸引眼球的小东西。所以，你也必须用好照片墙，吸引他们的目光。

3.
即将面临的问题

3. 即将面临的问题

用手机研究合适的标签，并迅速将内容发布到照片墙上是件很麻烦的事。

找到合适的标签是帖子被发现的一个关键因素。但是，研究标签、输入文字、用拇指在手机上打字、发布内容，是一件非常痛苦的事情。如果你发的不仅仅是几个字，那就更麻烦了。

4.
情感上的支持

4. 情感上的支持

尽管用手机发帖子很麻烦，但只要能一个帖子一个帖子地在照片墙吸引更多的粉丝，这一切都是值得的。因为这可是照片墙啊！

想象一下，如果你在照片墙上发了一个帖子，有成百上千的点击量，他们观看你发的视频，分享你发的照片，你会有什么感觉？如果方法得当，照片墙真的可以给你的在线业务带来巨大的流量和客户。

5.
虚假的希望

5. 虚假的希望

每天在照片墙上无休无止地发帖子并不能解决问题。

每天只是努力在手机上发帖子，并不能带来你想要的结果。希望自己的“精彩内容”成为热搜，光靠努力是行不通的，因为有数十亿人也在发布他们的精彩内容。一天发一百次帖子其实也无济于事，相反，如果发得太多，那么你很可能引起粉丝的反感。

6.
大胆的方法

6. 大胆的方法

你如果想得到不同的结果，就必须使用不同的工具。来看看我的“标签一发帖大师”。

现在，大胆的做法是在标签上投入你在创作内容时同样的努力。我在照片墙上打破了大家平时所说的“做不到”的界限，同时发现了让标签可以为你所用的三个关键的秘密：第一，用对的标签吸引对的人；第二，持续使用这些标签；第三，一切都在电脑桌面而非手机上完成。就这么简单，我的“标签一发帖大师”可以实现这一切。

7. 我们可以做到

7. 我们可以做到

在照片墙始终使用“标签一发帖大师”设置标签，发布帖子，就像在键盘上打字和点击鼠标一样容易。

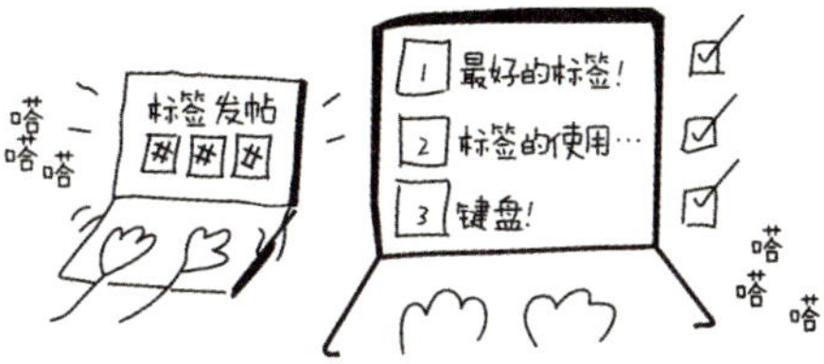

为了使标签成为你的新秘密武器，我开发了“标签一发帖大师”。它是一个经过实践检验的新软件，可以做三件事。第一，在你写帖子和添加图片的时候，它能立即为你找到最好的标签。第二，它可以监测标签的使用情况，帮助所有的帖子保持一致性。第三，这一切都可以在计算机键盘上完成，省时省力，不需要再用拇指在手机上操作了。

8. 行动呼召

8. 行动呼召

你要做的就是每天发帖两次，每次用时 5 分钟，剩下的交给

“标签—发帖大师”就行了。

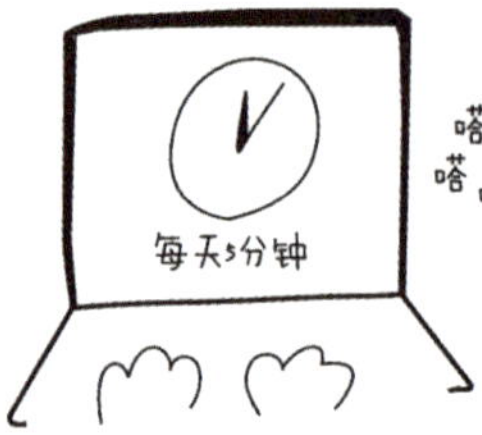

如果你坚持每天发两个帖子，每次花上 5 分钟，那么“标签—发帖大师”将会改变你在照片墙上的状态。你只要会移动鼠标、点击、复制和粘贴，就能做到这一点。

9. 前期的好处

9. 前期的好处

使用“标签—发帖大师”，用不了几天，你就会看到你的照片墙的浏览量和点击量像飞奔的兔子一样成倍增长。

一旦开始使用“标签—发帖大师”，你就会立即看到自己的账号权重不断增加。当你可以说“天哪，我有这么多粉丝了，我把照片墙玩得很转”时，你的感觉会比之前好几百倍。你还会发现找到新标签的乐趣，而你以前甚至不知道它们的存在。这意味着不断创造新帖子将是一件容易且令人愉快的事情。

10. 长期的胜利

10. 长期的胜利

在照片墙上吸引更多的粉丝，从长远来看，未来会为你带来巨大的成功。

当你在照片墙上拥有大量粉丝时，你就掌握了绝对的优势。你知道吗？在照片墙上拥有1万名粉丝的用户平均每篇帖子可以赚88美元。而那些拥有10万粉丝的人，平均每篇帖子可以赚200美元！更重要的是，照片墙的规模只会越来越大，而你的生意也可以随之变大。你需要的就是一种更聪明、更有效设定标签和发布帖子

的方法。试试我的“标签—发帖大师”(点击邮件中的链接)，看看它能否帮助你。它对我来说很有用！——吉姆

吉姆将10页讲稿保存为幻灯片的形式，每页有一个标题和他手绘的图画。他在录制视频时在屏幕上放映了幻灯片，视频总共4分钟。

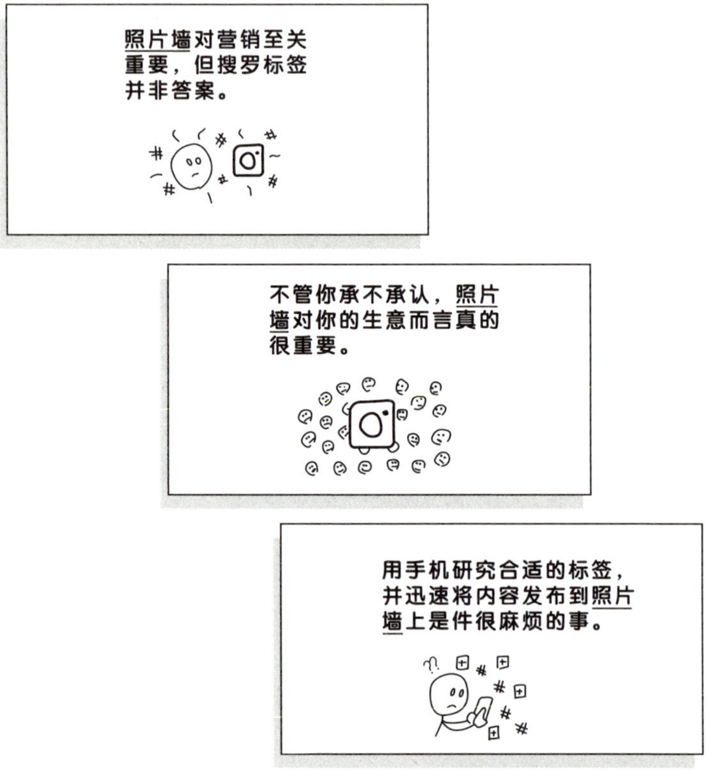

吉姆的快速演讲如图所示，每一页都包括一个标题和一幅手绘的图画。

吉姆的快速演讲结果如何呢？在接下来的三周内，有5 000人购买了他开发的程序。

示例3

摩西的快速演讲

摩西供职于一家大型的IT服务供应商，是公司战略团队的一员。他们团队精心编制了一本发人深思的白皮书，他的10页讲稿是为了说服大公司的高管下载并浏览这本白皮书而创作的。

背景

摩西所在的公司是全球极具影响力的一家云计算软件公司，他是公司重要战略团队的一员。他们团队的工作是设想商业、技术和社会未来可能出现的情景，然后就这些情景可能会对客户产生的影响向高管提出建议。他们团队一直被视为公司销售业绩的重要组成部分，在世界经济因新冠肺炎疫情而陷入混乱时，他们承担了更重要的角色。

当客户看到公司的业务在一夜之间突发变化时，他们向摩西所在的顶尖技术公司求助，希望负责他们的客户代表可以提供一些商业建议。公司的首席执行官动员摩西的团队搜集关于潜在趋势的长远看法，将最佳意见整合为一套让人一看就懂的方案。摩西的团队交出了一份出色的答卷，这份文件共20页，逻辑清晰，列出了三种最可能出现的结果，可以帮助高管在做近期和长期投资决定时重获信心。

唯一的问题是，如何将这些信息传达给这些工作缠身的高管，让他们下载这份文件，并读完它。摩西及其同事就是在这时使用了快速演讲。

一开始，我与摩西的团队共同绘制了这个视觉解码器。

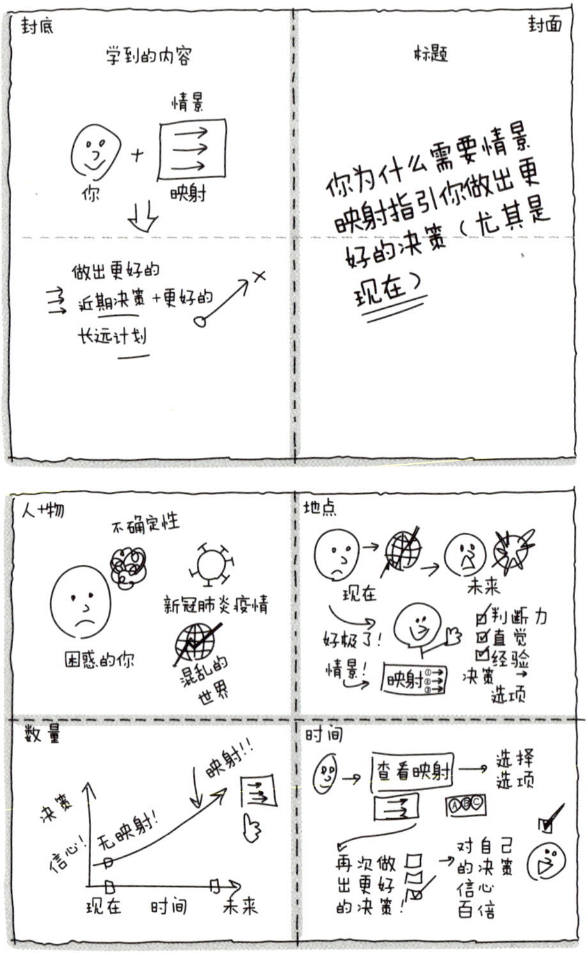

像往常一样，摩西先绘制了视觉解码器，其中包括他所在的科技公司的客户，客户对世界和经济的担忧，以及情景规划工具。（注意，摩西最后选用了在手绘图画的基础上进行了精修的图片。）

下面是摩西团队的快速演讲。他们采用的是长篇电子邮件的形式，以及一个四分钟的在线演示。在演讲之前，他们在摩西的手绘图画的基础上重新制作了更精美的图片。

1.
标题：
为什么要做这次演讲？

1. 标题

在混乱中重拾信心：“情景规划”有助于您安全度过新冠肺炎疫情带来的危机。

2.
共同点

2. 共同点

在过去的几个月里，新冠肺炎疫情给我们所有人带来了前所未有的不确定性，尤其是公司的管理者。

我们可以看到每个月发生的事情，但有太多的信息、太多矛盾的观点向我们袭来，这让我们很难把握大局。我们无法判断这种动荡的局面会持续多久，也不知道它会造成多大的影响。我们被迫做出重要的选择，但不确定它们是否正确。

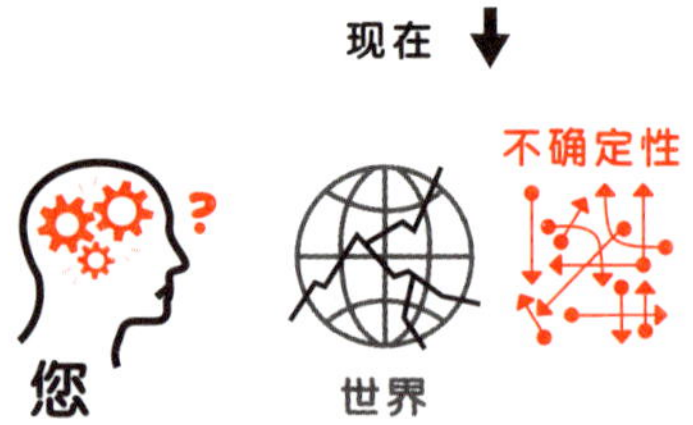

3.
即将面临的问题

3. 即将面临的问题

我们一直在勉强应付当前的局面，可不确定性却在不断增加。随着危机的持续，我们会发现自己越来越手忙脚乱，我们的信心正发生根本性的动摇，这给我们的生活也造成了负面的影响。

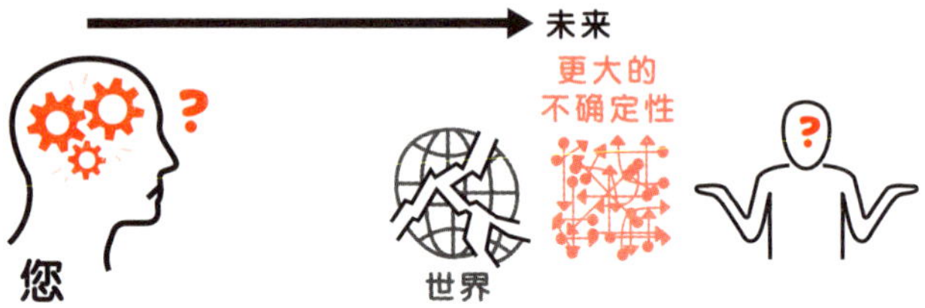

我们仍需要在恐惧中做出选择。我们担心危机会比我们想象的更糟糕，担心会错过难得的机会。我们突然觉得帮助我们走到今天

的专业知识似乎不够用了，如果我们不做出正确的选择，公司最终就可能陷入困境。这样的事实真的很令人沮丧。

4. 情感上的支持

4. 情感上的支持

想象一下，我们如果可以再次依靠我们在职业生涯中所积累的经验做出决策，那会是什么感觉。

即使在这种混乱的情况下，如果足够了解风险和机会，可以明智地做出关于未来的决策，应该也会觉得充满力量。我们都经营过成功的企业，我们的方法是经过深思熟虑之后做出明智的决策。我们真正想要的是，相信自己可以再次做出正确决定的感觉。

5. 虚假的希望

5. 虚假的希望

我们很乐意看到这种情况：不必考虑太多，只需要利用我们的判断力、直觉和经验，我们就能做出正确的决定。

但是，我们现在面临的危机错综复杂。事实上，我们很可能会做过多的研究，最终迷失其中；或者因为问题太多而选择视而不见。无论哪种方式，我们最终都会做出错误的决定，而且有可能带领公司走进死胡同。坦率地说，我们以前经常使用的决策工具现在无法帮助我们找到正确的选择。

6. 大胆的方法

6. 大胆的方法

如果我们不再采用以往的规划方法，而是采用用战略智库来定义全球未来的方法，并将其应用于商业情景，会怎么样呢？这种最初被用于军事领域的方法已经经过了时间的检验。

想象一下，如果我们可以基于事实为这场危机绘制一幅图，在图中将关键的外部变量（健康、社会、经济）与每个季度的商业现实对应起来，使长期来看较为明显的可能性变得一目了然，那么有了这张图，我们就可以对我们做出的决定重拾信心。

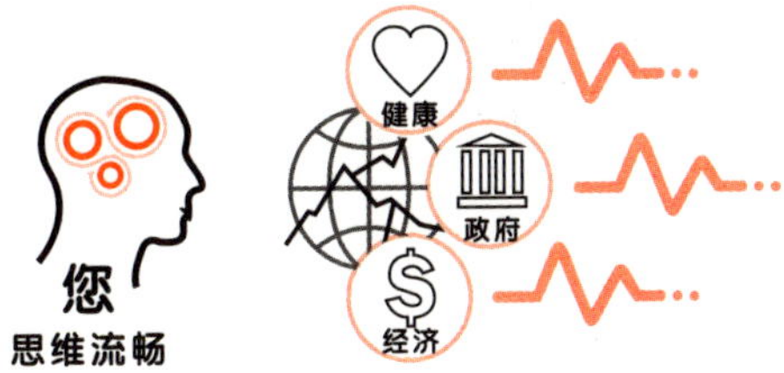

事实证明，这个设想是可行的。您可以使用一种叫作“情景规划”的工具来绘制此图。这个工具会将所有的复杂因素考虑在内，将其总结为一张简短的清单，上面列出了最相关的可能性。您不需要做这些工作，我们已经为您准备好了，那就是我们的“三大未来情景图”。

7.
我们可以做到

7. 我们可以做到

我们的三大未来情景图可以帮助您自信轻松地度过危机，并在混乱中找到机会。

在三大未来情景图中，我们将危机分解为三大阶段、三大不确定因素、三大控制疫情的方法，以及三大需要管理的紧张局面。“四个三”会让我们看到危机在特定区域的三种发展情景。这三种情景各有特点，在可能性上没有差别。

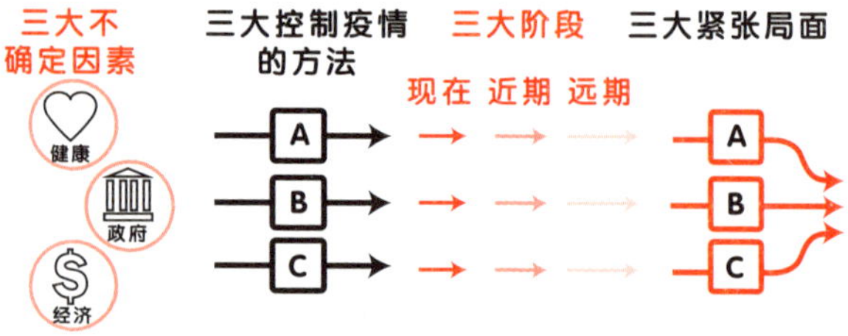

这种方法的美妙之处在于，它没有给出一个“完美但有缺陷”的答案。相反，它阐明了三种最有可能的未来情景，您可以围绕这三种情况进行清晰的规划，毫无畏惧地向前迈进。

8. 行动呼召

您可以看看这三大情景，评估它们在您的经营区域的可能性，并立即开始制定新的战略。

要想利用这个强有力的情景规划工具，您只需要下载我们的三大未来情景图。这个情景图十分清晰，可读性和实用性都很强。此外，我们已与您的客户团队合作，确保他们也能熟练掌握这张图。

这样，他们就能引导您了解这三种情景会对您所在的区域和行业产生哪些大的影响。

9. 前期的好处

9. 前期的好处

通过三大未来情景图，您可以看到顾客需求会发生哪些变化，包括在危机期间的变化，还有危机过后的“新常态”。

您会看到您当前商业模式的潜在挑战和可能出现的机遇。您因此会知道应该优先考虑哪些选择，将您对未来增长的最初赌注放在哪里。随着危机的持续，您会知道应该注意新闻中的哪些信号，而不会迷失在噪声中。

10. 长期的胜利

10. 长期的胜利

您会因此成为最明智的人，知道什么该继续做，什么该停下来，什么时候该向新的方向转变。

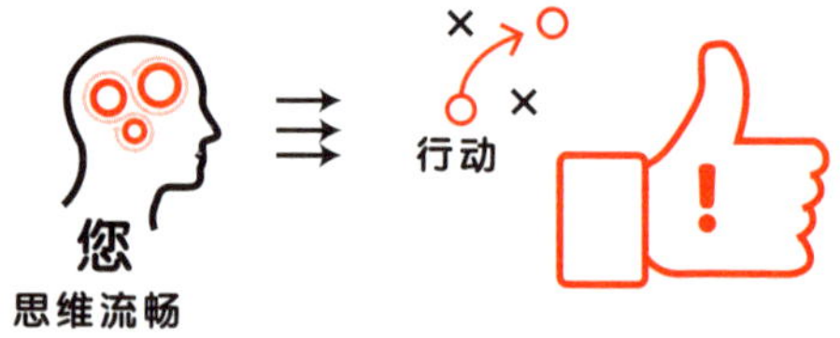

随着这场危机的消退，随着商业世界展露新颜，您将处于有利位置，新的市场甚至新的商业模式已经就位，而您的很多竞争对手还处在挣扎之中。我们不能确保这就是解决方案。但是，如果您使用我们的情景图，那么您绝对可以在这个充满不确定的时期更轻松地经营公司……这样，您就能更好地做出重大的商业和技术决定。

摩西将10页讲稿保存为幻灯片的形式，每页包括一个标题、一幅精修的图片（改编自视觉解码器中的图画），外加两到三个项目符号，说明重点信息。他通过屏幕与客户分享这个幻灯片，并将其录成视频，在网上传播。摩西的快速演讲共计约6分钟。

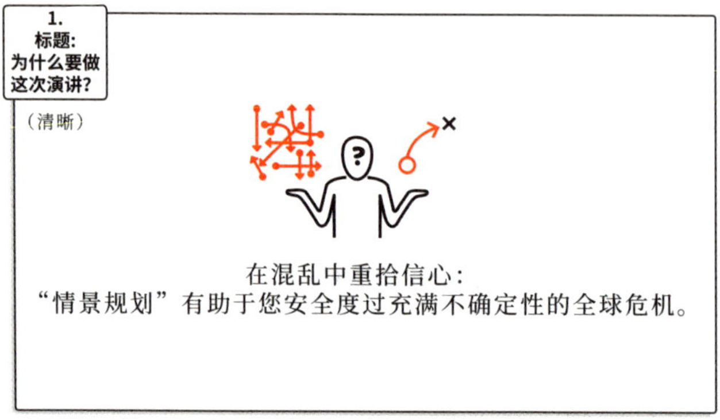

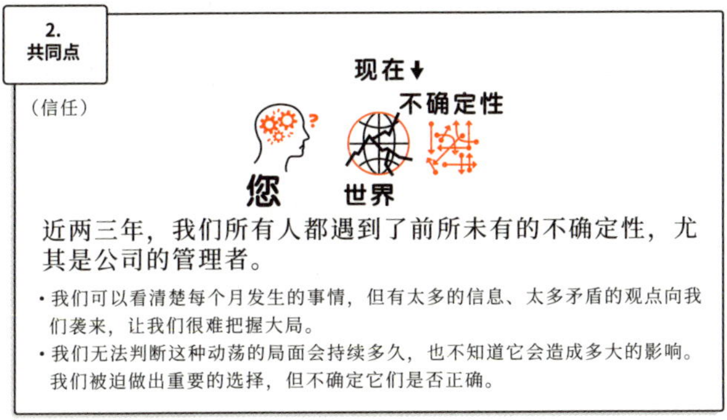

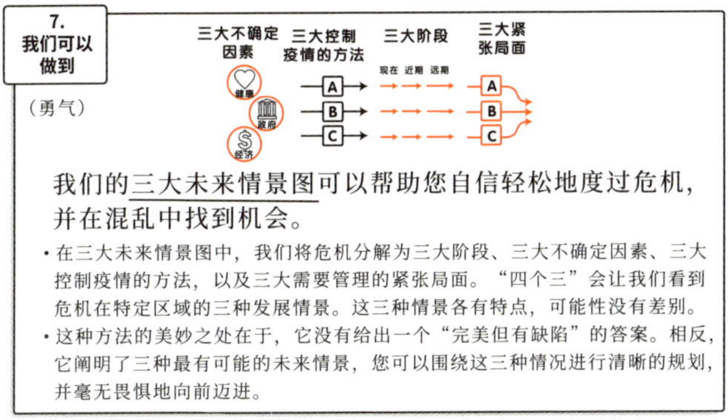

摩西的快速演讲如图所示，共有10张幻灯片，每页包括一个标题、一幅精修的图片，外加两到三个项目符号，说明重点信息。

这次演讲的反响如何？客户的反响很好，文件的下载次数超过了2.5万。客户代表的反馈显示，客户真心感谢摩西团队为厘清现实所做的努力，并在思考长期决策时感到更加安心。摩西的团队帮助客户深入了解了各种方案。尽管面临着共同的危机，他们公司还是创造了有史以来最好的季度业绩。

这一章就要结束了，我们讲了三个故事，针对三个不同的问题提出了三个不同的解决方案，所有故事都是根据10页讲稿的模板创作的。我希望你能够看到，这个模板十分可靠，也十分灵活。我还希望你可以看明白每个有说服力的故事是如何从头到尾一步步展开的。

在下一章，我们将谈论最后的准备工作、练习方法、呈现方式的选择，还有如何根据实际情况创造出具有个人特色的演讲。

第九章

>> CHAPTER 9

练习+润色，为日后的演讲做好准备

现在，大功告成了，你已经完成了人生中第一个完整的快速演讲的内容。我希望你喜欢使用这个方法，就像我喜欢创造它一样。我真心希望你精心创造的这个故事只是一个开端，你以后还会用这种不同寻常的方法完成一次又一次成功的演讲。找几个同事演练一下，如果演练过程中他们喜欢听，你也喜欢讲，那么这份讲稿就是成功的。如果反响没有那么好，那么你可以找两个小时和几张纸，再做一次。

在你合上这本书之前，我想再耽搁你一分钟的时间，因为要使快速演讲长期为你所用，我们还需要简短地讲两件事：一是演讲方式的选择，二是练习的力量。

快速演讲的方式

从设计上讲，你创作的快速演讲是一个草案，而重点也在于此。就像快闪餐厅的食物即使放在纸盘里也很美味一样，你的草案比 90% 精心准备的演讲都要好。

既然演讲已经准备好了，你有几种呈现方式可以选择。虽然放在纸盘里的食物很美味，但有些时候你也会想用高档的骨瓷来享用它们。

方式一：手写稿

第一种选择非常直接和坦诚，拿起你写好的 10 张纸，与听众一起坐下，讲述你的故事。如果临时要演讲，而且场合没有那么正式，双方没有什么戒心，都很诚实，那么你完全可以选择这种方式。

颇受患者欢迎的医生都知道这一点。在医院的围嘴上简单画一张有关手术的草图，可以很快减少患者的术前恐惧，甚至比任何药物都管用。参加美国达人秀的选手也深知这一点，诚实总比花哨强。如果你选择这种方式，那么听众永远不会忘记你人性中最真实的一面。相信我，如果时间紧张，而听众即刻需要帮助，那么选择这种方式准没错。

方式二：幻灯片

第二种选择是把快速演讲的草稿快速做成10页PPT或谷歌幻灯片。(模板参见附录或www.popup-pitch.com。)根据10页讲稿中的标题和项目符号制作幻灯片，加上公司特有的格式，重新绘制图画（或请一个更注重视觉效果的朋友帮忙)，给它们加上一丝专业感。(不过，不要去掉太多的人情味，手绘图画总是比美工图案看起来更好!）接下来，将幻灯片投射到屏幕上，这将是听众们见过的最吸引人的幻灯片。

方式三：百老汇

没错，即使是快速演讲，偶尔也应该有百老汇演出那样的铃声和口哨声。如果听众想要看精致的版本，那么你可以将你的10页讲稿用漂亮的幻灯片模板包装一下，并用具有情感冲击力的图片取代手绘的图画，以此来衬托标题。接下来，进行展示。快速演讲的好处就在于，它很容易就可以换上新的面貌。

说到百老汇，一定要练习，练习，再练习！

身为一个做过2 000多次现场演讲的人，我还有最后一个建议，那就是实践是信心的最大来源。如果你曾经在演讲前感到紧张，那么恭喜你，这说明你是人类的一员。每个人，我说的是每个人，都会怯场。克服怯场有两剂良方，一是对内容了如指掌，二是多加练习，听听自己的演讲。在准备快速演讲的过程中，你已经完成了第一点，在完成视觉解码器和 10 页讲稿后，你对故事已经了然于心了。现在只需要找个朋友，给他讲一遍。之后，你就万事俱备了。

初衷与承诺

坐下来写这本书的时候，我的初衷是想让你不再为演讲发愁。就像商业领域最常见、最重要的工作都有模板一样，比如信件、财务报告、品牌标准、工作流程，我也想为你在商业领域进行最重要的互动时提供一个模板，一个讲故事的模板。

多年来，我做过很多次颇具说服力的演讲，与听众分享信息。有一天，我突然想到，我确实有这样一个模板，为什么不和大家分享呢？我在本书的前言部分向你做出了三个承诺。你如果还有时间，可以翻回去看看。我兑现了这些承诺了吗？请告诉我答案。

结论：你才是最重要的。

无论要做什么样的演讲，你才是最重要的。说出你的故事，让它在听众心中发挥更重要的作用。如果快速演讲能帮你做到这一点，那么我们都走在了通往长期胜利的道路上。

附录：模板、工具、下载地址和其他资源

APPENDIX

视觉解码器和 10 页讲稿这两个填空式的模板构成了本书的主干。有了这两个模板，你可以在大约两个小时内准备好快速演讲。虽然我的计划是把每个模板都设计得足够简单，以便你用纸笔就可以轻松完成，但许多人问我要电子版。我欣然应允，准备好了电子版。你可以下载，打印出来，给自己或团队使用。

接下来的几页就是全套的模板。你也可以在 www.popup-pitch.com 下载电子版。下载你需要的版本，用你最喜欢的演示软件打开，然后添上文字和图片即可。(所有的模板都准备了不同的格式版本，包括 PPT、谷歌幻灯片、PDF 和 JPEG。随着软件的不断更新，我也会增加新的格式，所以记得经常登录网站看看。)

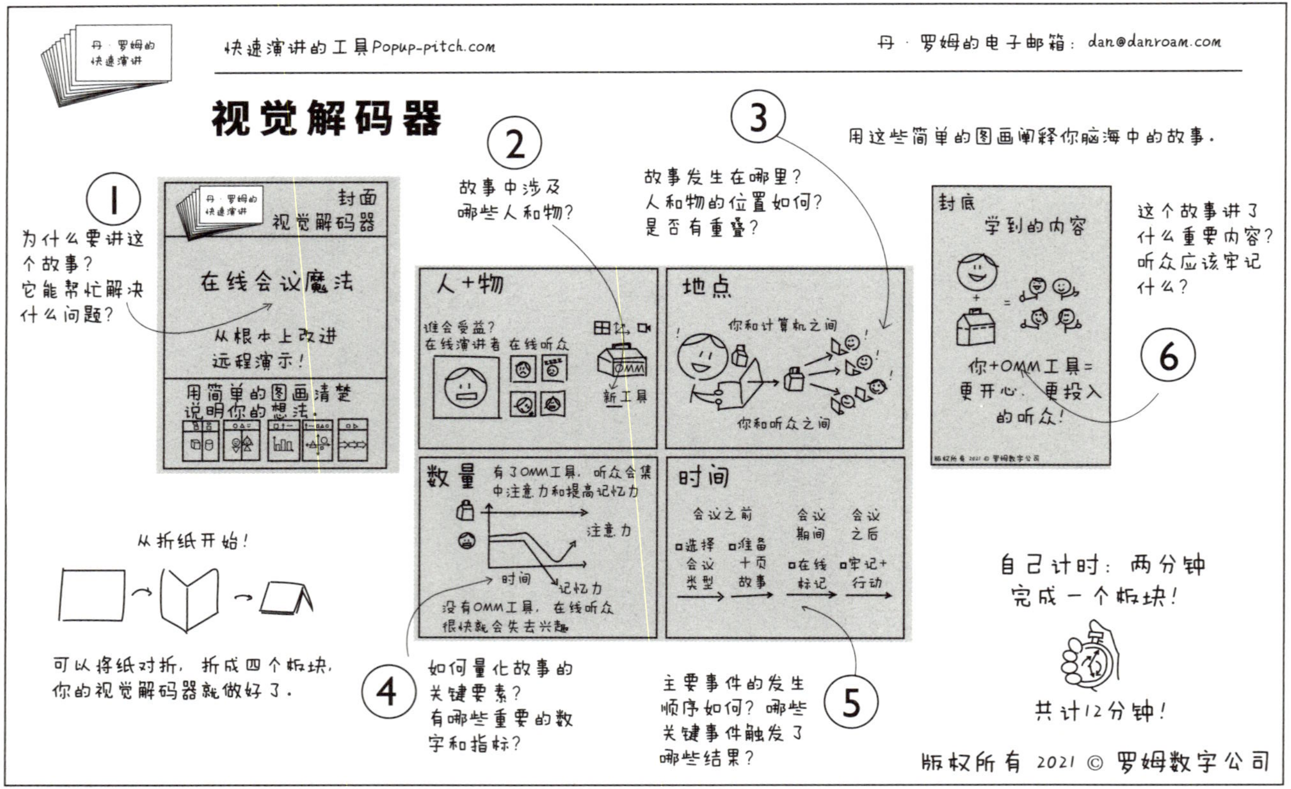
快速演讲的工具Popup-pitch.com
丹·罗姆的电子邮箱：dan@danroam.com
视觉解码器
用这些简单的图画阐释你脑海中的故事。
1
为什么要讲这个故事？它能帮忙解决什么问题？
封面
视觉解码器
在线会议魔法
从根本上改进远程演示！
用简单的图画清楚说明你的想法。
2
故事中涉及哪些人和物？
人＋物
谁会受益？
在线演讲者 在线听众
新工具
3
故事发生在哪里？人和物的位置如何？是否有重叠？
地点
你和计算机之间
你和听众之间
4
如何量化故事的关键要素？有哪些重要的数字和指标？
数量
有了OMM工具，听众会集中注意力和提高记忆力
注意力
记忆力
时间
没有OMM工具，在线听众很快就会失去兴趣
5
主要事件的发生顺序如何？哪些关键事件触发了哪些结果？
时间
会议之前
会议期间
会议之后
选择会议类型
准备十页故事
在线标记
牢记＋行动
6
这个故事讲了什么重要内容？听众应该牢记什么？
封底
学到的内容
你＋OMM工具＝更开心、更投入的听众！
从折纸开始！
可以将纸对折，折成四个板块，你的视觉解码器就做好了。
自己计时：两分钟完成一个板块！
共计12分钟！
版权所有 2021 © 罗姆数字公司

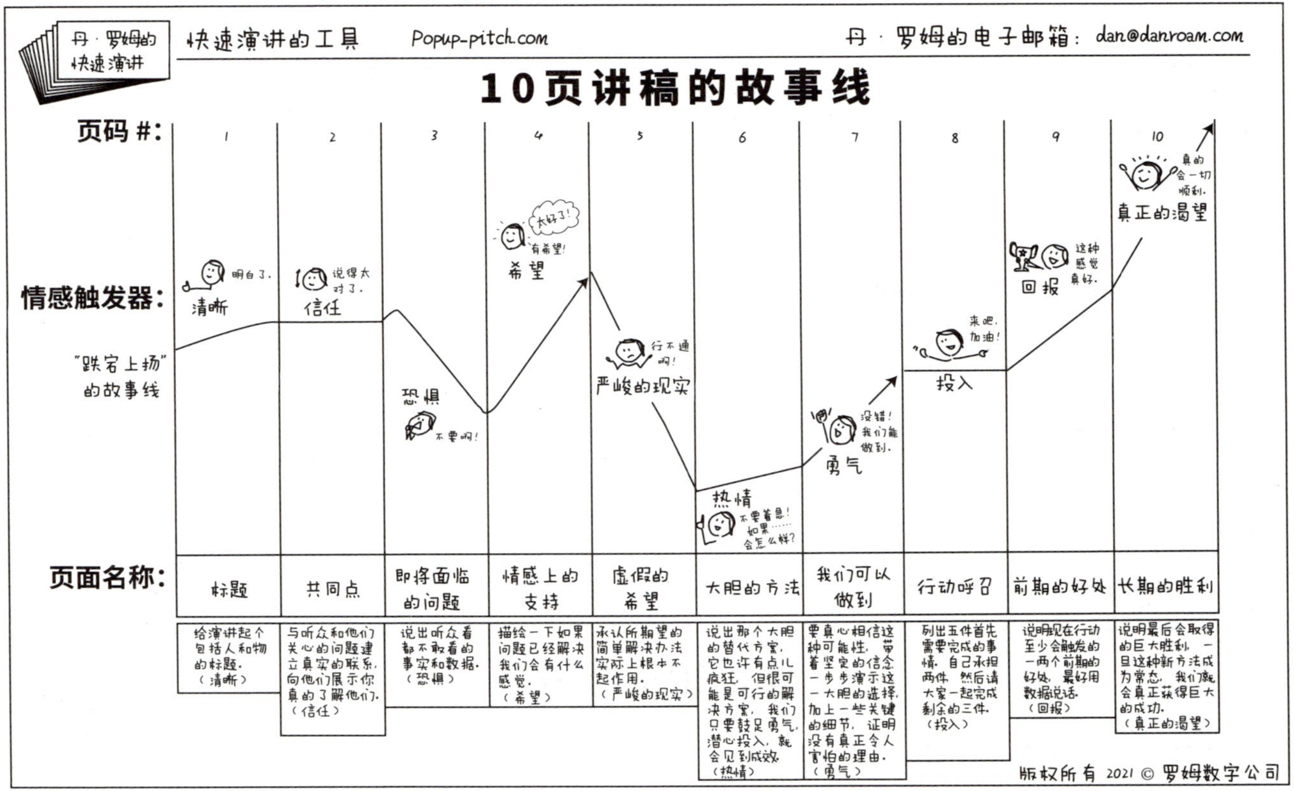
丹·罗姆的快速演讲
快速演讲的工具
Popup-pitch.com
丹·罗姆的电子邮箱：dan@danroam.com
10页讲稿的故事线
页码 #：
1
2
3
4
5
6
7
8
9
10
情感触发器：
"跌宕上扬"的故事线
明白了。
清晰
说得太对了。
信任
恐惧
不要啊！
大好了！
有希望！
希望
行不通啊！
严峻的现实
热情
不要着急！如果……会怎么样？
没错！我们能做到。
勇气
来吧，加油！
投入
这种感觉真好。
回报
真的会一切顺利。
真正的渴望
页面名称：
标题
共同点
即将面临的问题
情感上的支持
虚假的希望
大胆的方法
我们可以做到
行动呼召
前期的好处
长期的胜利
给演讲起个包括人和物的标题。（清晰）
与听众和他们关心的问题建立真实的联系，向他们展示你真的了解他们。（信任）
说出听众看都不敢看的事实和数据。（恐惧）
描绘一下如果问题已经解决我们会有什么感觉。（希望）
承认所期望的简单解决办法实际上根本不起作用。（严峻的现实）
说出那个大胆的替代方案，它也许有点儿疯狂，但很可能是可行的解决方案，我们只要鼓足勇气，潜心投入，就会见到成效。（热情）
要真心相信这种可能性，带着坚定的信念一步步演示这一大胆的选择，加上一些关键的细节，证明没有真正令人害怕的理由。（勇气）
列出五件首先需要完成的事情，自己承担两件，然后请大家一起完成剩余的三件。（投入）
说明现在行动至少会触发的一两个前期的好处，最好用数据说话。（回报）
说明最后会取得的巨大胜利，一旦这种新方法成为常态，我们就会真正获得巨大的成功。（真正的渴望）
版权所有 2021 © 罗姆数字公司

快速演讲的工具　Popup-pitch.com　丹·罗姆的电子邮箱：dan@danroam.com

10页讲稿模板

1. 标题：人和物

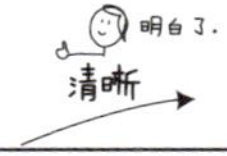

1.标题：
给演讲起个包括人和物的标题。
（情感 = 清晰）

2. 共同点

2.共同点：
与听众和他们关心的问题建立真实的联系，向他们展示你真的了解他们。
（情感 = 信任）

3. 即将面临的问题

3.即将面临的问题：
说出听众看都不敢看的事实和数据。
（情感 = 恐惧）

4. 情感上的支持

4.情感上的支持：
描绘一下如果问题已经解决我们会有什么感觉。
（情感 = 希望）

5. 虚假的希望

5.虚假的希望：
承认所期望的简单解决办法实际上根本不起作用。
（情感 = 严峻的现实）

6. 大胆的方法

6.大胆的方法：
说出那个大胆的替代方案，它也许有点儿疯狂，但很可能是可行的解决方案，我们只要鼓足勇气，潜心投入，就会见到成效。
（情感 = 热情）

7. 我们可以做到

7.我们可以做到：
要真心相信这种可能性，带着坚定的信念一步步演示这一大胆的选择，加上一些关键的细节，证明没有真正令人害怕的理由。
（情感 = 勇气）

8. 行动呼召

8.行动呼召：
列出五件首先需要完成的事情。自己承担两件，然后请大家一起完成剩余的三件。
（情感 = 投入）

9. 前期的好处

9.前期的好处：
说明现在行动至少会触发的一两个前期的好处，最好用数据说话。
（情感 = 回报）

10. 长期的胜利

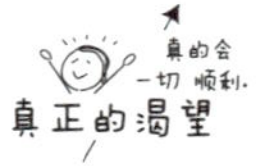

10.长期的胜利：
说明最后会取得的巨大胜利，一旦这种新方法成为常态，我们就会真正获得巨大的成功。
（情感 = 真正的渴望）

致谢 ACKNOWLEDGMENTS

虽然这已经是我的第六本书了，但这本书的写作经历与前五本完全不同。2020 年 3 月，商业领域的一切都发生了改变。我出书的整个过程，从概念到合同，从写作到绘图再到编辑，都是在隔离中完成的。虽然写作本身是一个人的事情，但出书的其他环节都要依靠团队的力量。在这本书的写作过程中，我们团队的人没有见过面，这还是史上头一回。因此，我十分感谢为本书的顺利出版做出贡献的人。他们都是顶着压力，远程办公，而且都是第一次以这种新的方式投入工作。

首先，我要感谢公共事务出版社（PublicAffairs）的优秀编辑科琳·劳里。感谢你相信我，相信这本书。在你的不断敦促下，这本书才得以在出版行业近代史上最奇怪的一年顺利完成。家里的地下室就是我的办公室，这本书就是在那里完成的。多亏了你的指导和洞见，这本书比我独自撰写的初稿要好得多。感谢公共事务出版社的编辑和制作团队，感谢你们的才华和耐心，感谢你们与我一起完成了一本有这么多插图的书。感谢凯利·连克维奇、梅利莎·雷蒙德、奥利维娅·洛佩尔菲多、书籍设计师琳达·马克，还有封面设计师皮特·加尔索。我深知，你们为我提供的那些意见和反馈是多么难得，我衷心地感谢你们。另外，感谢哈谢特公司首席运营官乔·曼根，感谢你20年前对我的指导。世界真小，我很高兴我们能不期而遇，再次合作。

最重要的，我要感谢我14年的经纪人泰德·温斯坦，感谢你建议我再写一本书，感谢你告诉我这个世界正需要什么，感谢你不断地推动我完成书稿的写作。我不知道该如何感谢你对我的支持和信任。

在餐巾纸学院（NapkinAcademy.com）近150名伙伴的帮助、指导和耐心参与下，我一章一章地写好了这本书。在整整9个月的时间里，你们陪伴着我走过了每一步，从书名到结构，再到每一幅图，不断地给我反馈。如果没有与你们的分享，我敢肯定，我永远都无法完成这本书。因此，我特别感谢奈拉·阿布达拉、艾德·阿尔特、杰基·阿瑟顿、帕亚姆·巴赫拉姆普尔、埃里克·巴基、金伯利·巴尔曼、弗雷德里克·贝利耶、卡伦·本奈特、卡拉·伯格、戴维·伯尼、布雷特·毕晓普、珍妮·布莱克、阿兰·布勒、保罗·伯德、迈克尔·卡拉韦、马里翁·沙罗、杰夫·陈、克拉克·程、乔纳森·克拉克、拉里·克拉克、史蒂夫·克拉克、保罗·科诺斯、泰德·库博、凯利·考恩、克里斯·道森、汤姆·迪亚兹、约翰·多尔巴、吉姆·爱德华兹、贝丝·依根、卡罗琳·埃利斯、杰米·福切尔、贝弗利·弗里曼、冯美琳、克里斯蒂娜·加恩、洛德丝·甘特、保罗·加特、露丝·杰勒德、帕特里夏·赫斯托索、安妮·格拉杜－莱瑟姆、吴爱雅、查瓦·戈登、德米特罗·格拉博韦茨、谢里·冈德森、科琳·哈克利、雷纳·汉森、谢利·哈弗坎普、保罗·霍金斯、罗伯特·海沃德、杰特·海泽、约翰·希普斯利、莫妮卡·霍瓦特、穆罕默德·法里德·贾法尔、科可·约翰逊、利·约翰逊、托马斯·朱伯特、马克·柯克、托马斯·克纳佩、萨默·科伊德、维姆·克罗尔、潘卡亚·库拉布卡尔、卡文·L.、克里斯蒂娜·兰利、安东尼·李、安德鲁·莱纳茨、叶夫根尼·列先科、博鲁特·洛加尔、罗伯·朗格里奇、伊娃·洛佩慈、加比·洛佩慈、丹尼尔·洛佩慈·冈萨雷斯、玛利亚·马哈尔、吉安·卡罗·曼佐尼、阿拉温丹·马里努托、路易斯·马奎斯、波比·马泰、苏珊·麦克德莫特、托马斯·麦克德维特、迪帕克·梅赫拉、德鲁·莫里斯、约特·内詹伊斯、迈克尔·内尔森、丹尼斯·诺埃尔、本·诺贝尔、克里斯廷·尼高、詹尼·奥里亚尼、马尔科·奥萨尼、汤姆·奥图尔、卡尔·帕尔默、奎恩·帕纳塔卡恩、林恩·皮尔斯、推·珀姆、梅汉范托、詹姆斯·皮查多、史蒂夫·普莱耶、穆罕默德·拉菲、马诺耶·拉金德兰、玛吉·拉斯特、内尔·雷丁、威廉·里德、爱德华·里根、瑞贝卡·伦弗罗、斯文·雷托尔、尤金·罗德尔、亚历克西斯·罗德里戈、安东尼·罗珀、马克·鲁宾、苏菲·萨尔瓦多里－罗姆、苏珊·施勒夫、辛西娅·斯科特、布莱恩·塞古里奇、德巴西斯·森古普塔、弗兰克·塞林加、瑞贝卡·肖克利、斯蒂芬妮·西蒙、杰夫·史密斯、乔什·史密斯、托德·史密斯、路易斯·索利斯、萨曼莎·索玛、索尼娅·斯特茨勒、肯·斯通、莱拉·塔拉夫、丹·托马斯、托马斯·通德、鲍里斯·托普拉克、布莱恩·特鲁斯代尔、万斯·特纳、尼廷·乌德瓦雷什、露丝·乌里韦斯、米克洛斯·韦格、约瑟夫·维埃拉、托马斯·维克斯特龙、克里斯·冯·斯皮策、蒂姆·韦斯特。没有你们的帮助，这本书不可能和大家见面。

衷心感谢我在餐巾纸学院的团队，是你们一直在激励我。谢谢黛比·德卢、吴爱雅、谢利·刘和泽维尔·范。与你们的定期交谈，使我保持清醒诚实，保持正常的进度。

我还要感谢我那了不起的商业大家庭的成员：杜什卡·萨帕塔、吉姆·爱德华兹、马克·鲁宾、莱拉·塔拉夫、本顿·阿姆斯特朗、诺亚·弗劳尔、丽萨·所罗门、林恩·卡拉瑟斯、艾德·阿尔特、埃里克·艾斯兰德、RJ. 安德鲁斯、凯瑟琳·马登、阿德里安·内鲍尔、约翰·皮尔斯。

最后，我还要感谢一个人，这个人的名字我在开篇的献词中提到过。谢谢你，丹·托马斯，这本书的每一步都有你的陪伴。但在我交稿的那个星期，你却驾鹤西去。在过去的 10 年中，你一直是我的良师益友，你不知道你对我有多么重要。继续翱翔吧，丹·托马斯，我很想念你。

参考书目 BIBLIOGRAPHY

Ariely, Dan. *Predictably Irrational*. New York: Harper Perennial, 2010.

Campbell, Joseph. *The Hero with a Thousand Faces*. Novato, CA: New World Library, 2008.

Carnegie, Dale. *How to Win Friends and Influence People*. New York: Simon and Schuster, 1936.

Chalupa, Leo M., and John S. Werner. *The Visual Neurosciences*. Cambridge, MA: MIT Press, 2004.

Duncan, Paul. *The Star Wars Archives*. Cologne, Germany: Taschen, 2018.

Eagleman, David. *The Brain: The Story of You*. New York: Vintage, 2017.

Edwards, Betty. *The New Drawing on the Right Side of the Brain*. New York: Jeremy P. Tarcher, 1979.

Kahneman, Daniel. *Thinking Fast and Slow*. New York: Farrar, Straus and Giroux, 2011.

Kluger, Jeffrey. "Here' s the Memory Trick That Science Says Works." *Time*, April 22, 2016. https://time.com/4304589/memory-picture-draw/.

Meadows, D. H. *Thinking in Systems*. White River Junction, VT: Chelsea Green, 2008.

Medina, John. *Brain Rules*. Seattle, WA: Pear Press, 2017.

Ramachandran, V. S., and Sandra Blakeslee. *Phantoms in the Brain*. New York: William Morrow, 1999.

Stephens, Greg J., Lauren J. Silbert, and Uri Hasson. "Speaker-Listener Neu-ral Coupling Underlies Successful Communication." *Proceedings of the National Academy of Sciences of the United States of America* 107, no. 32(2010): 14425–14430. https://doi.org/10.1073/pnas.1008662107.